奇 思 妙 解

——高中数学最值(值域)问题的解法及技巧

主 编 李瑞杰

合肥工业大学出版社

内容提要

高中数学的最值(值域)问题寓于代数、三角、立体几何和解析几何等内容之中,涉及的方法多,要求思维灵活,是高中数学的难点.利用数学思想和方法解决最值(值域)问题,不仅能提高读者思维的严谨性和发散性,也为进一步学习高等数学中的最值(值域)问题打下坚实的基础.

图书在版编目(CIP)数据

奇思妙解:高中数学最值(值域)问题的解法及技巧/李瑞杰主编.—合肥:合肥工业大学出版社,2023.7

ISBN 978 - 7 - 5650 - 6019 - 9

Ⅰ.①奇… Ⅱ.①李… Ⅲ.①中学数学课—教学参考资料 Ⅳ.①G624.503

中国国家版本馆 CIP 数据核字(2023)第 118982 号

奇 思 妙 解
——高中数学最值(值域)问题的解法及技巧

李瑞杰 主编   责任编辑 赵 娜 汪 钵

出 版	合肥工业大学出版社	版 次	2023 年 7 月第 1 版
地 址	合肥市屯溪路 193 号	印 次	2023 年 7 月第 1 次印刷
邮 编	230009	开 本	787 毫米×1092 毫米 1/16
电 话	理工图书出版中心：0551 - 62903004	印 张	6.25
	营销与储运管理中心：0551 - 62903198	字 数	99 千字
网 址	press. hfut. edu. cn	印 刷	安徽联众印刷有限公司
E-mail	hfutpress@163. com	发 行	全国新华书店

ISBN 978 - 7 - 5650 - 6019 - 9   定价：35.80 元

如果有影响阅读的印装质量问题,请与出版社营销与储运管理中心联系调换。

编　委　会

前　　言

数学,一种古老而又年轻的文化.数学是什么?恩格斯对它做出如下概括:数学是现实世界的数量关系及空间形式的科学.数学的应用十分广泛,它既涉及浩渺无垠的宏观世界,也探讨如原子模型类的微观世界,数学曾经被人誉为"了解宇宙的最重要方法,打开原子奥秘的'钥匙',自然科学的'领队'",它的应用渗透到科学研究和生产劳动的各个领域,很多高精尖的技术从根本上取决于控制,这完全靠数学模型.因此,我国著名数学家华罗庚先生由衷赞叹道:"大哉数学之为用!"

每一个数学问题,从辩证法的观点来看就是一个矛盾,矛盾的双方分别是已知条件和求解的未知部分.解题方法就是使矛盾双方得以互相转化的"杠杆".本书第一章为方法篇,通过求函数最值(值域)介绍了多种解题方法,大部分是高中数学解题的通性、通法,这些方法具有一定的灵活性,并在高中数学各章中有着广泛的应用,不易熟练掌握.因此,本书第二章设计为应用篇.应用篇按不同知识板块分为8节,通过这8节练习,强化读者对这些方法的灵活运用,提高其学科核心素养,达到触类旁通、举一反三的效果.本书按照学生的认知规律编排,由易到难,循序渐进,略有拓展,有利于读者系统地掌握数学最值(值域)问题的一些方法,便于提高学科核心素养,也可用于中学数学教师教学参考,可根据教学内容择篇选题.

人们对物质世界规律的认识是逐步完善而又不可穷尽的,浩如烟海的数学问题正等待着我们去解答.本书仅对高中数学最值(值域)的求法做了些微不足道的探索,由于编者水平、能力和精力有限,本书难免存在不足和疏漏之处,敬请广大读者朋友批评指正!

编　者

2023 年 2 月

目　　录

第一章　方法篇

【知识点 1】　最值的定义

前提	设函数 $y = f(x)$ 的定义域为 I，如果存在实数 M 满足：	
条件	① 对于任意 $x \in I$，都有 $f(x) \leqslant M$； ② 存在 $x_0 \in I$，使得 $f(x_0) = M$	① 对于任意 $x \in I$，都有 $f(x) \geqslant M$； ② 存在 $x_0 \in I$，使得 $f(x_0) = M$
结论	M 为最大值	M 为最小值

【知识点 2】　函数的最大值

函数图象上任意一点 P 的坐标 (x, y) 的意义：横坐标 x 是自变量的取值，纵坐标 y 是自变量为 x 时对应的函数值的大小．

（1）图象上最高点的纵坐标是所有函数值中的最大值，即函数的最大值．

（2）假设点 $C(x_0, y_0)$ 是函数 $y = f(x)$ 图象上的最高点，点 A 在点 C 的下方，即对定义域内任意 x，都有 $y \leqslant y_0$，即 $f(x) \leqslant f(x_0)$，也就是对函数 $y = f(x)$ 的定义域内任意 x，均有 $f(x) \leqslant f(x_0)$ 成立．

（3）一般地，设函数 $y = f(x)$ 的定义域为 I，如果存在实数 M 满足：① 对于任意的 $x \in I$，都有 $f(x) \leqslant M$；② 存在 $x_0 \in I$，使得 $f(x_0) = M$. 那么称 M 是函数 $y = f(x)$ 的最大值．

（4）$f(x) \leqslant M$ 反映了函数 $y = f(x)$ 的所有函数值不大于实数 M，这个函数的特征是图象有最高点，并且最高点的纵坐标是 M.

（5）讨论函数的最大值，要坚持定义域优先的原则；函数图象上有最高点时，这个函数才存在最大值，最高点必须是函数图象上的点．

【知识点3】　函数的最小值

（1）函数最小值的定义如下：

一般地，设函数 $y=f(x)$ 的定义域为 I，如果存在实数 M 满足：① 对于任意的 $x\in I$，都有 $f(x)\geqslant M$；② 存在 $x_0\in I$，使得 $f(x_0)=M$. 那么称 M 是函数 $y=f(x)$ 的最小值．

函数最小值的几何意义：函数图象上最低点的纵坐标．

（2）讨论函数的最小值也要坚持定义域优先的原则；函数图象上有最低点时，这个函数才存在最小值，最低点必须是函数图象上的点．

【思想方法】

数学思想方法是从数学内容中提炼出来的数学知识的精髓，是将知识转化为能力的桥梁，是数学学科的核心素养．

高中数学最值（值域）问题，涉及的知识面广、思维灵活、方法多样，若方法运用适当，能起到简化运算过程、避繁就简、事半功倍的效果．

第 1 节　　观 察 法

通过对函数定义域、性质的观察，结合函数表达式的特征，求得函数的值域．例如，一次函数 $y=ax+b(a\neq 0)$ 的定义域为 $\mathbf{R}$，值域为 $\mathbf{R}$；反比例函数 $y=\dfrac{k}{x}(k\neq 0)$ 的定义域为 $\{x\mid x\neq 0\}$，值域为 $\{y\mid y\neq 0\}$；二次函数 $f(x)=ax^2+bx+c(a\neq 0)$ 的定义域为 $\mathbf{R}$，当 $a>0$ 时，值域为 $\left\{y\mid y\geqslant \dfrac{4ac-b^2}{4a}\right\}$；当 $a<0$ 时，值域为 $\left\{y\mid y\leqslant \dfrac{4ac-b^2}{4a}\right\}$．

例 1　求函数 $f(x)=\dfrac{2}{x}$ 的值域．

解：$\because x\neq 0$，$\therefore \dfrac{2}{x}\neq 0$，$\therefore$ 所求函数的值域为 $(-\infty,0)\bigcup(0,+\infty)$.

例 2　求函数 $f(x)=4-\sqrt{x}$ 的值域.

解: $\because \sqrt{x}\geqslant 0,\therefore -\sqrt{x}\leqslant 0,4-\sqrt{x}\leqslant 4,\therefore$ 所求函数的值域为 $(-\infty,4]$.

例 3　求函数 $f(x)=2+\sqrt{9-2x}$ 的值域.

解: 由算术平方根的性质可知, $\sqrt{9-2x}\geqslant 0$, 故 $f(x)=2+\sqrt{9-2x}\geqslant 2$, $\therefore$ 所求函数的值域为 $[2,+\infty)$.

例 4　求函数 $f(x)=\sqrt{x-2}+\sqrt{x+2}(x\geqslant 2)$ 的值域.

解: $\because x\geqslant 2,\therefore \sqrt{x-2}\geqslant 0,\sqrt{x+2}\geqslant 2$, 故 $f(x)=\sqrt{x-2}+\sqrt{x+2}\geqslant 2$, $\therefore$ 所求函数的值域为 $[2,+\infty)$.

例 5　求函数 $f(x)=3^x,x\in[-2,2]$ 的值域.

解: $\because f(x)=3^x$ 在定义域内单调递增, $\therefore 3^{-2}\leqslant 3^x\leqslant 3^2,\therefore \dfrac{1}{9}\leqslant 3^x\leqslant 9,\therefore$ 所求函数的值域为 $\left[\dfrac{1}{9},9\right]$.

◣ 本节方法总结

在函数的三要素中,定义域和对应法则起核心作用,而值域则由定义域和对应法则共同确定. 研究函数的值域不仅要重视对应法则的作用,还要特别注意定义域对值域的制约作用.

◣ 变式练习

变式练习 1　求下列函数的值域.

(1) $y=2x+3(-1\leqslant x\leqslant 1)$;

(2) $f(x)=4+\sqrt{2-x}$;

(3) 求函数 $y=[x](0\leqslant x\leqslant 3)$ 的值域;

(4) 求函数 $y=3+\sqrt{4-x^2}$ 的值域.

解: (1) $\because -1\leqslant x\leqslant 1,\therefore -2\leqslant 2x\leqslant 2,\therefore 1\leqslant 2x+3\leqslant 5$, 即 $1\leqslant y\leqslant 5$, $\therefore$ 所求函数的值域为 $[1,5]$.

(2) $\because \sqrt{2-x}\in[0,+\infty),\therefore f(x)\in[4,+\infty)$, 即函数的值域为 $[4,+\infty)$.

(3)∵ $0 \leqslant x \leqslant 3$,∴ 所求函数的值域为 $\{0,1,2,3\}$.

(4)∵ $2 \geqslant 4-x^2 \geqslant 0$,∴ 所求函数的值域为 $[3,5]$.

第 2 节　分离常数法

在含有两个量(一个常量和一个变量)的关系式(不等式或方程)中,要求变量的取值范围,可以将变量和常量分离(变量和常量各在式子的一端),从而求出变量的取值范围,这种方法叫作分离常数法. 例如, $y = \dfrac{cx+d}{ax+b}(a \neq 0)$,分子、分母中有相似的项,通过分离常数法可将原函数转化为 $y = k \pm f(x)$ (k 为常数)的形式,然后求值域.

例 1　求函数 $f(x) = \dfrac{4x-1}{x-2}$ 的值域.

解:∵ $f(x) = \dfrac{4x-1}{x-2} = \dfrac{4(x-2)+7}{x-2} = 4 + \dfrac{7}{x-2}$,∴ 所求函数的值域为 $\{y \mid y \in \mathbf{R} \text{ 且 } y \neq 4\}$.

例 2　求函数 $y = \dfrac{x^2-2x}{x^2-2x+3}$ 的值域.

解:∵ $y = \dfrac{x^2-2x}{x^2-2x+3} = \dfrac{x^2-2x+3-3}{x^2-2x+3} = 1 - \dfrac{3}{(x-1)^2+2}$,不妨令 $f(x) = (x-1)^2+2$, $g(x) = \dfrac{3}{f(x)}$ ($f(x) \neq 0$),从而 $f(x) \in [2, +\infty)$. 因为 $f(x)$ 作为分母,则 $f(x) \neq 0$,所以 $g(x) \in \left(0, \dfrac{3}{2}\right]$,∴ 所求函数的值域为 $\left[-\dfrac{1}{2}, 1\right)$.

例 3　求函数 $y = \dfrac{2\sin x + 1}{\sin x + 3}$ 的最大值、最小值.

解:∵ $y = \dfrac{2\sin x + 1}{\sin x + 3} = \dfrac{2(\sin x + 3) - 5}{\sin x + 3} = 2 - \dfrac{5}{\sin x + 3}$,当 $x = 2k\pi + \dfrac{\pi}{2}(k \in z)$ 时,y 取最大值 $y_{\max}$,∴ $y_{\max} = 2 - \dfrac{5}{1+3} = \dfrac{3}{4}$;当 $y = (2k+1)\pi + \dfrac{\pi}{2}(k \in z)$ 时,y

取最小值 $y_{\min}$，$\therefore y_{\min} = 2 - \dfrac{5}{-1+3} = -\dfrac{1}{2}$.

◣ 本节方法总结

分离常数法就是把分子中含未知数的项配凑成分母的形式，然后把分母看成一个整体进行变形，使得分子不含未知数.

◣ 变式练习

变式练习 1 求函数 $y = \dfrac{2x+3}{x+1}$ 的值域.

解：$\because y = \dfrac{2x+3}{x+1} = 2 + \dfrac{1}{x+1}$，且 $\dfrac{1}{x+1} \neq 0$，$\therefore y \neq 2$，$\therefore$ 所求函数的值域为 $\{y \mid y \neq 2\}$.

变式练习 2 求函数 $y = \dfrac{x^2-1}{x+1}(x \neq -1)$ 的值域.

解：$\because y = \dfrac{x^2-1}{x+1} = \dfrac{(x+1)(x-1)}{x+1} = x - 1(x \neq -1)$，$\therefore y \neq -2$，$\therefore$ 所求函数的值域为 $\{y \mid y \neq -2\}$.

变式练习 3 求函数 $y = \dfrac{4x+5}{x-2}$ 的值域.

解：$\because y = \dfrac{4x+5}{x-2} = \dfrac{4(x-2)+13}{x-2} = 4 + \dfrac{13}{x-2}$，且 $x - 2 \neq 0$，$\therefore y \neq 4$，$\therefore$ 所求函数的值域为 $\{y \mid y \neq 4\}$.

变式练习 4 求函数 $y = \dfrac{1-2x}{2x+3}$ 的值域.

解：$\because y = \dfrac{1-2x}{2x+3} = \dfrac{-(2x+3)+4}{2x+3} = -1 + \dfrac{4}{2x+3}$，且 $\dfrac{4}{2x+3} \neq 0$，$\therefore y \neq -1$，$\therefore$ 所求函数的值域为 $\{y \mid y \neq -1\}$.

第 3 节　配方法

当所给函数是二次函数或可化为二次函数的复合函数时,可以利用配方法求函数值域.

例 1　已知 $2x^2 \leqslant 3x$,求函数 $f(x) = x^2 + x + 1$ 的最值.

解: 由已知 $2x^2 \leqslant 3x$ 可得 $0 \leqslant x \leqslant \dfrac{3}{2}$,即函数 $f(x)$ 是定义在区间 $\left[0, \dfrac{3}{2}\right]$ 上的二次函数. 将二次函数配方得 $f(x) = \left(x + \dfrac{1}{2}\right)^2 + \dfrac{3}{4}$,其对称轴为 $x = -\dfrac{1}{2}$,顶点坐标为 $\left(-\dfrac{1}{2}, \dfrac{3}{4}\right)$,且图象开口向上. 显然其顶点横坐标不在区间 $\left[0, \dfrac{3}{2}\right]$ 内,如图 1-1 所示,故函数 $f(x)$ 的最小值为 $f(0) = 1$,最大值为 $f\left(\dfrac{3}{2}\right) = \dfrac{19}{4}$.

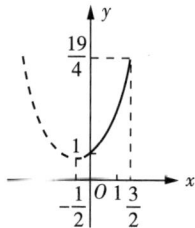

图 1-1　例 1 解析示意图

例 2　求函数 $y = x^2 - 2x + 3, x \in [-2, 1]$ 的值域.

解: 将函数配方得 $y = (x-1)^2 + 2$,$\because x \in [-2, 1]$,由二次函数的性质可知,当 $x = 1$ 时,$y_{\min} = 2$;当 $x = -2$ 时,$y_{\max} = 11$. $\therefore$ 所求函数的值域为 $[2, 11]$.

例 3　求函数 $f(x) = \sqrt{-x^2 + 2x + 3}$ 的值域.

解: 由 $-x^2 + 2x + 3 \geqslant 0$ 可知,函数的定义域为 $x \in [-1, 3]$. 此时 $-x^2 + 2x + 3 = -(x-1)^2 + 4 \in [0, 4]$,$\therefore 0 \leqslant \sqrt{-x^2 + 2x + 3} \leqslant 2$,$\therefore$ 所求函数的值域为 $[0, 2]$.

例 4　画出函数 $y = -x^2 + 2|x| + 3$ 的图象,指出函数的单调区间和最大值.

解: 函数 $y = -x^2 + 2|x| + 3$ 的图象如图 1-2 所示. 由图象得,函数在区间 $(-\infty, -1)$ 和 $[0, 1]$ 上是上升的,在 $[-1, 0]$ 和 $(1, +\infty)$ 上是下降的,最高点坐标为 $(-1, 4)$ 和 $(1, 4)$,故函数

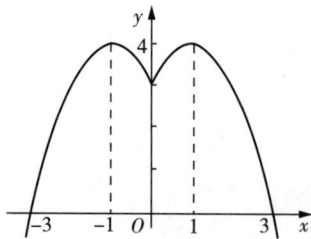

图 1-2　例 4 解析示意图

在 $(-\infty,-1)$，$[0,1]$ 上是增函数，函数在 $[-1,0]$，$(1,+\infty)$ 上是减函数，最大值是 4.

例 5 求函数 $f(x)=\sin^2 x-2\sin x+3\left(-\dfrac{\pi}{4}\leqslant x\leqslant\pi\right)$ 的值域.

解：将函数配方得 $f(x)=(\sin x-1)^2+2$，$\because -\dfrac{\pi}{4}\leqslant x\leqslant\pi$，$\therefore -\dfrac{\sqrt{2}}{2}\leqslant\sin x\leqslant 1$，当 $\sin x=-\dfrac{\sqrt{2}}{2}$ 时，$y_{max}=\dfrac{7}{2}+\sqrt{2}$；当 $\sin x=1$ 时，$y_{min}=2$. $\therefore$ 所求函数的值域为 $\left[2,\dfrac{7}{2}+\sqrt{2}\right]$.

例 6 已知 $x,y\in\mathbf{R}$，且 $y=\dfrac{3}{4}x-\dfrac{5}{4}$，求函数 $z=x^2+y^2$ 的值域.

分析

将条件方程转化成 $3x-4y-5=0$，再转化为比例式，设置参数，代入原函数.

解：由 $y=\dfrac{3}{4}x-\dfrac{5}{4}$ 得 $3x-4y-5=0$，变形得 $\dfrac{x-3}{4}=\dfrac{y-1}{3}=\lambda$（$\lambda$ 为参数），$\therefore x=3+4\lambda$，$y=1+3\lambda$，$\therefore z=x^2+y^2=(3+4\lambda)^2+(1+3\lambda)^2=(5\lambda+3)^2+1$. 当 $\lambda=-\dfrac{3}{5}$ 时，$x=\dfrac{3}{5}$，$y=-\dfrac{4}{5}$，z 取最小值，最小值 $z_{min}=1$，$\therefore$ 所求函数的值域为 $z\in[1,+\infty)$.

例 7 如果函数 $f(x)=(x-1)^2+1$ 定义在区间 $[t,t+1]$ 上，求 $f(x)$ 的最小值.

解：函数 $f(x)=(x-1)^2+1$ 的对称轴方程为 $x=1$，顶点坐标为 $(1,1)$，图象开口向上.

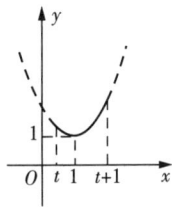

(1) 如图 1-3 所示，若顶点横坐标在 t 左侧时，有 $1<t$，此时，当 $x=t$ 时，函数取得最小值，最小值为 $f(x)_{min}=f(t)=(t-1)^2+1$.

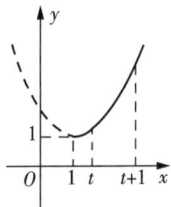

(2) 如图 1-4 所示，若顶点横坐标在区间 $[t,t+1]$ 上时，有 $t\leqslant 1\leqslant t+1$，即 $0\leqslant t\leqslant 1$，当

图 1-4 顶点横坐标
在区间 $[t,t+1]$ 上时

图 1-3 顶点横坐标
在 t 左侧时

$x=1$ 时,函数取得最小值,最小值为 $f(x)_{\min}=f(t)=(t-1)^2+1$.

(3)如图 1-5 所示,若顶点横坐标在 $t+1$ 右侧时,有 $t+1<1$,即 $t<0$. 当 $x=t+1$ 时,函数取得最小值,最小值为 $f(x)_{\min}=f(t+1)=t^2+1$.

综上讨论,$f(x)_{\min}=\begin{cases}(t-1)^2+1, t>1,\\ 1, 0\leqslant t\leqslant 1,\\ t^2+1, t<0.\end{cases}$

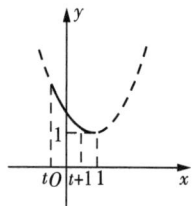

图 1-5　顶点横坐标在 $t+1$ 右侧时

例 8 某租赁公司拥有汽车 100 辆,每辆车的月租金为 3000 元时,可全部租出,当每辆车的月租金每增加 50 元时,未租出的车将会增加 1 辆,租出的车每辆每月需要维护费 150 元,未租出的车每辆每月需要维护费 50 元.

(1)当每辆车的月租金定为 3600 元时,能租出多少辆车?

(2)当每辆车的月租金定为多少元时,租赁公司的月收益最大? 最大月收益是多少?

解:(1)当每辆车的月租金定为 3600 元时,未租出的车辆数为 $\dfrac{3600-3000}{50}=12$,所以这时租出了 88 辆车.

(2)设每辆车的月租金定为 x 元,则租赁公司的月收益为 $f(x)=\left(100-\dfrac{x-3000}{50}\right)(x-150)-\dfrac{x-3000}{50}\times 50$,整理得 $f(x)=-\dfrac{1}{50}(x-4050)^2+307050$. 所以,当 $x=4050$ 时,$f(x)$ 最大,最大值为 $f(4050)=307050$.

◤ 本节方法总结

有关二次函数类型的值域问题,一般是先配方,再画图,确定求解区间,得结果.

◤ 变式练习

变式练习 1 求函数 $f(x)=x^2-2x+3,x\in[-1,2]$ 的值域.

解:将函数配方得 $y=(x-1)^2+2$,$\because x\in[-1,2]$,由二次函数的性质可知,当 $x=1$ 时,y 取最小值,最小值为 $y_{\min}=2$;当 $x=-1$ 时,y 取最大值,最大值为

$y_{\max}=6.\therefore$ 所求函数的值域为$[2,6]$.

变式练习2　求函数 $f(x)=\sqrt{-x^2+x+1}$ 的值域.

解：将函数变形为 $f(x)=\sqrt{-\left(x-\dfrac{1}{2}\right)^2+\dfrac{5}{4}}$，$\therefore$ 所求函数的值域为 $\left[0,\dfrac{\sqrt{5}}{2}\right]$.

变式练习3　求函数 $f(x)=x+\dfrac{1}{x}$ 的值域.

解：当 $x>0$ 时，$f(x)=x+\dfrac{1}{x}=\left(\sqrt{x}-\dfrac{1}{\sqrt{x}}\right)^2+2\geqslant2$；当 $x<0$ 时，$f(x)=-\left(-x+\dfrac{1}{-x}\right)=-(\sqrt{-x}-\dfrac{1}{\sqrt{-x}})^2-2\leqslant-2.\therefore$ 所求函数的值域为$(-\infty,-2]\cup[2,+\infty)$.

变式练习4　求函数 $f(x)=\sqrt{5-x}+\sqrt{x-3}$ 的值域.

解：函数定义域为 $x\in[3,5]$，$f^2(x)=(x-3)+(5-x)+2\sqrt{-x^2+8x-15}=2+2\sqrt{-x^2+8x-15}$，由 $x\in[3,5]$ 得 $-x^2+8x-15\in[0,1]$，$\therefore f^2(x)\in[2,4]$，$\therefore$ 所求函数的值域为 $\left[\sqrt{2},2\right]$.

变式练习5　某工厂计划出售一种产品，经销人员并不是根据生产成本来确定这种产品的价格，而是通过对经营产品的零售商对于不同的价格情况下他们会进多少货进行调查，确定了关系式 $P=-750x+15000$，其中 P 为零售商进货的数量，x 为零售商愿意支付的每件价格（单位：元）. 现估计这种产品生产一件的材料和劳动生产成本费用为 4 元，并且工厂生产这种产品的总固定成本为 7000 元（固定成本是除材料和劳动费用外的其他费用）. 为获得最大利润，工厂应对零售商每件收取多少元？

解：设利润为 y 元，则
$$y=(x-4)P-7000=(x-4)(-750x+15000)-7000$$
$$=-750(x-12)^2+41000(x>0)$$

当 $x=12$ 时，y 取最大值，最大值为 $y_{\max}=41000$ 元.

为获得最大利润，工厂应对零售商每件收取 12 元.

第 4 节　换元法

以新变量代替函数式中的某些量,使函数转化为以新变量为自变量的函数形式,进而求出值域,这种方法叫作换元法.

例 1　求函数 $y = x + 2\sqrt{x-1}$ 的值域.

解:令 $\sqrt{x-1} = t(t \geqslant 0)$,则 $x = t^2 + 1$. $\because y = t^2 + 2t + 1 = (t+1)^2$,且 $t \geqslant 0$,由二次函数的性质可知,当 $t = 0$ 时,取最小值,最小值为 $y_{min} = 1$, $\therefore$ 所求函数的值域为 $[1, +\infty)$.

例 2　求函数 $y = 4x + 2\sqrt{1-x}$ 的值域.

解:设 $t = \sqrt{1-x}$,则 $t \geqslant 0$, $x = 1 - t^2$,代入函数关系式得 $y = -4t^2 + 2t + 4 = -4\left(t - \dfrac{1}{4}\right)^2 + \dfrac{17}{4}$. $\because t \geqslant 0$, $\therefore y \leqslant \dfrac{17}{4}$, $\therefore$ 所求函数的值域为 $\left(-\infty, \dfrac{17}{4}\right]$.

例 3　求函数 $y = 2x - 5 + \sqrt{15 - 4x}$ 的值域.

解:令 $t = \sqrt{15 - 4x}\,(t \geqslant 0)$,则 $t^2 = 15 - 4x$, $x = \dfrac{1}{4}(15 - t^2)$,代入函数关系式得 $y = 2 \times \dfrac{1}{4}(15 - t^2) - 5 + t = -\dfrac{1}{2}t^2 + t + \dfrac{5}{2} = -\dfrac{1}{2}(t-1)^2 + 3 \leqslant 3\,(t \geqslant 0)$, $\therefore$ 所求函数的值域为 $(-\infty, 3]$.

例 4　已知 $f(x)$ 的值域为 $\left[\dfrac{3}{8}, \dfrac{4}{9}\right]$,求函数 $y = f(x) + \sqrt{1 - 2f(x)}$ 的值域.

解:令 $\sqrt{1 - 2f(x)} = t(t \geqslant 0)$,得 $f(x) = \dfrac{1 - t^2}{2}$. 由 $\dfrac{3}{8} \leqslant f(x) \leqslant \dfrac{4}{9}$ 得 $\dfrac{1}{9} \leqslant 1 - 2f(x) \leqslant \dfrac{1}{4}$, $\therefore \dfrac{1}{3} \leqslant t \leqslant \dfrac{1}{2}$. $y = \dfrac{1 - t^2}{2} + t = -\dfrac{1}{2}t^2 + t + \dfrac{1}{2} = -\dfrac{1}{2}\left[(t-1)^2 - 2\right] = -\dfrac{1}{2}(t-1)^2 + 1$. 当 $t = \dfrac{1}{3}$ 时, y 取最小值,最小值为 $y_{min} = \dfrac{7}{9}$;当 $t = \dfrac{1}{2}$ 时, y 取最大值,最大值为 $y_{max} = \dfrac{7}{8}$. $\therefore$ 所求函数的值域为 $\left[\dfrac{7}{9}, \dfrac{7}{8}\right]$.

例 5　求函数 $f(x) = x + 3 + \sqrt{1 - (x+1)^2}$ 的值域.

解：$\because 1-(x+1)^2 \geqslant 0$，即 $(x+1)^2 \leqslant 1$，故可令 $x+1=\cos\beta, \beta \in$

$[0,\pi]. \therefore f(x)=\cos\beta+2+\sqrt{1-\cos^2\beta}=\sin\beta+\cos\beta+2=\sqrt{2}\sin\left(\beta+\frac{\pi}{4}\right)+2.$

$\because 0 \leqslant \beta \leqslant \pi, \therefore 0 \leqslant \beta+\frac{\pi}{4} \leqslant \frac{5\pi}{4}, \quad \therefore -\frac{\sqrt{2}}{2} \leqslant \sin\left(\beta+\frac{\pi}{4}\right) \leqslant 1, \therefore 1 \leqslant$

$\sqrt{2}\sin\left(\beta+\frac{\pi}{4}\right)+2 \leqslant 2+\sqrt{2}, \therefore$ 所求函数的值域为 $\left[1, 2+\sqrt{2}\right]$.

例 6　求函数 $f(x)=\sqrt{x}+\sqrt{1-x}+1$ 的值域.

解：$\because$ 函数 $f(x)$ 的定义域为 $\begin{cases} x \geqslant 0, \\ 1-x \geqslant 0, \end{cases}$ 即 $0 \leqslant x \leqslant 1, \therefore$ 可设 $x=$

$\sin^2\theta\left(0 \leqslant \theta \leqslant \frac{\pi}{2}\right), \therefore f(x)=\sqrt{\sin^2\theta}+\sqrt{1-\sin^2\theta}+1=\sin\theta+\cos\theta+1=$

$\sqrt{2}\sin\left(\theta+\frac{\pi}{4}\right)+1.$ 当 $\theta=\frac{\pi}{2}$ 时，$f(x)$ 取最小值，最小值为 $f(x)_{\min}=2$；当 $\theta=\frac{\pi}{4}$

时，$f(x)$ 取最大值，最大值为 $f(x)_{\max}=\sqrt{2}+1. \therefore$ 所求函数的值域为 $[2, 1+\sqrt{2}]$.

例 7　求函数 $y=\dfrac{(1+\sin x)(3+\sin x)}{2+\sin x}$ 的值域.

解：原函数转化为 $\sin^2 x+(4-y)\sin x+3-2y=0$，令 $t=\sin x$，则 $|t| \leqslant 1$，令

$f(t)=t^2+(4-y)t+3-2y=0$ 在 $[-1,1]$ 上有解，即 $f(-1) \cdot f(1) \leqslant 0$. 解得

$0 \leqslant y \leqslant \dfrac{8}{3}, \therefore$ 所求函数的值域为 $\left[0, \dfrac{8}{3}\right]$.

◤ 本节方法总结

(1) 形如 $y=ax+b\pm\sqrt{cx+d}\,(a,b,c,d$ 为常数，$a \neq 0)$ 常用代数换元.

(2) 形如 $y=ax+b\pm\sqrt{cx^2+d}\,(a,b,c,d$ 为常数，$a \neq 0)$ 常用三角换元.

① 若题目中含有 $|a| \leqslant 1$，则可设 $a=\sin\theta, -\dfrac{\pi}{2} \leqslant \theta \leqslant \dfrac{\pi}{2}$（或设 $a=\cos\theta, 0 \leqslant$

$\theta \leqslant \pi$）.

② 若题目中含有 $a^2+b^2=1$，则可设 $a=\cos\theta, b=\sin\theta$，其中 $0 \leqslant \theta < 2\pi$.

③ 若题目中含有 $\sqrt{1-x^2}$，则可设 $x=\cos\theta$，其中 $0 \leqslant \theta \leqslant \pi$.

④ 若题目中含有 $\sqrt{1+x^2}$，则可设 $x=\tan\theta$，其中 $-\dfrac{\pi}{2} < \theta < \dfrac{\pi}{2}$.

⑤ 若题目中含有 $x+y=r(x>0,y>0,r>0)$,则可设 $x=r\cos^2\theta,y=r\sin^2\theta$,其中 $\theta\in\left(0,\dfrac{\pi}{2}\right)$.

无论哪种换元,都要注意新元的范围,才能保证结果的准确性.

变式练习

变式练习1 求函数 $y=x+1+2\sqrt{1-x}$ 的值域.

解: 设 $\sqrt{1-x}=t(t\geqslant 0)$,则 $y=-t^2+2t+2=-(t-1)^2+3(t\geqslant 0)$,∵ 对称轴 $t=1\in[0,+\infty)$,且图象开口向下,∴ 当 $t=1$ 时,函数取最大值,最大值为 $y_{\max}=3$,∴ 所求函数的值域为 $(-\infty,3]$.

变式练习2 求函数 $y=2x-2+\sqrt{2x+1}$ 的值域.

解: 设 $t=\sqrt{2x+1}(t\geqslant 0)$,则 $x=\dfrac{1}{2}(t^2-1)$,于是 $f(x)=t^2-1-2+t=t^2+t-3=\left(t+\dfrac{1}{2}\right)^2-\dfrac{13}{4}$,∵ $t\geqslant 0$,∴ $y\geqslant -3$.∴ 所求函数的值域为 $[-3,+\infty)$.

变式练习3 求函数 $y=\sin x+\cos x+\sin x\cos x$ 的最大值.

解: 设 $\sin x+\cos x=t$,则 $t=\sqrt{2}\sin\left(x+\dfrac{\pi}{4}\right)\in[-\sqrt{2},\sqrt{2}]$,$\sin x\cos x=\dfrac{t^2-1}{2}$,∴ $y=t+\dfrac{t^2-1}{2}=\dfrac{1}{2}(t+1)^2-1,t\in[-\sqrt{2},\sqrt{2}]$,故当 $t=\sqrt{2}$ 时,函数取最大值,最大值为 $y_{\max}=\sqrt{2}+\dfrac{1}{2}$.

变式练习4 已知 $M(x,y)$ 是圆 $x^2+y^2=4$ 上的点,试求 $\lambda=x^2+y^2-3xy$ 的值域.

解: $x^2+y^2=4$ 可变形为 $\left(\dfrac{x}{2}\right)^2+\left(\dfrac{y}{2}\right)^2=1$,令 $\dfrac{x}{2}=\cos\alpha,\dfrac{y}{2}=\sin\alpha,\alpha\in[0,2\pi)$,则 $\lambda=4-3\times 2\cos\alpha\times 2\sin\alpha=4-6\sin 2\alpha$.∵ $2\alpha\in[0,4\pi)$,即 $\sin 2\alpha\in[-1,1]$,∴ 所求函数的值域为 $[-2,10]$.

变式练习5 求函数 $f(x)=x+1+\sqrt{1-x^2}$ 的值域.

解: ∵ $-1\leqslant x\leqslant 1$,设 $x=\cos\theta\in[0,\pi]$,∴ $f(x)=\cos\theta+|\sin\theta|+1=\cos\theta+\sin\theta+1=\sqrt{2}\sin(\theta+\dfrac{\pi}{4})+1\in[0,1+\sqrt{2}]$,∴ 所求函数的值域为 $[0,1+\sqrt{2}]$

第 5 节　判别式法

把函数关系化为二次方程 $F(x,y)=0$,由于方程有实数解,故其判别式为非负实数,即 $\Delta \geqslant 0$,从而求得函数的值域的方法,叫作判别式法.

例 1　求函数 $y=\dfrac{2x^2+4x-3}{x^2+2x+3}$ 的值域.

解:将原函数变形为 $x^2y+2xy+3y=2x^2+4x-3$,整理得 $(y-2)x^2+2(y-2)x+3y+3=0$.

(1) 当 $y\neq 2$ 时,上式可以看成关于 x 的二次方程,此时方程有实根即 $\Delta\geqslant 0$,

$\Delta=[2(y-2)]^2-4(y-2)(3y+3)\geqslant 0$,解得 $-\dfrac{5}{2}\leqslant y<2$.

(2) 当 $y=2$ 时,$3\times 2+3\neq 0$,$\therefore y\neq 2$. $\therefore$ 所求函数的值域为 $\left[-\dfrac{5}{2},2\right)$.

例 2　求函数 $y=\sqrt{x(2-x)}+x$ 的值域.

解:两边平方整理得

$$2x^2-2(y+1)x+y^2=0. \qquad\qquad ①$$

$\because x\in \mathbf{R}$,$\therefore \Delta=4(y+1)^2-8y\geqslant 0$,解得 $1-\sqrt{2}\leqslant y\leqslant 1+\sqrt{2}$. 由 $x(2-x)\geqslant 0$ 得 $0\leqslant x\leqslant 2$. $\because 0\leqslant x\leqslant 2$,$\therefore y=x+\sqrt{x(2-x)}\geqslant 0$,$\therefore y_{\min}=0$. 将 $y=1+\sqrt{2}$ 代入方程 ①,解得 $x_1=\dfrac{2+\sqrt{2}-2\sqrt[4]{2}}{2}\in [0,2]$,$\therefore$ 所求函数的值域为 $[0,1+\sqrt{2}]$.

注:由 $\Delta\geqslant 0$,仅保证关于 x 的方程:$2x^2-2(y+1)x+y^2=0$ 在实数集 $\mathbf{R}$ 有实根,而不能确保其实根在区间 $[0,2]$ 上,即不能确保方程 ① 有实根,由 $\Delta\geqslant 0$ 求出的范围可能比 y 的实际范围大,故不能确定此函数的值域为 $1-\sqrt{2}\leqslant y\leqslant 1+\sqrt{2}$ 可以采取方法进一步确定所求函数的值域.

例 3　设函数 $y=\dfrac{2x^2-x+n}{x^2+x+1}\left(x\in \mathbf{R},\text{且 } x\neq \dfrac{n-2}{3},n\in \mathbf{N}^*\right)$ 的最大值与最小值分别是 a_n,b_n,且 $c_n=a_n+b_n+a_nb_n-15$,求 c_n.

解:$\because x^2+x+1>0$,$\therefore yx^2+yx+y=2x^2-x+n$,$\therefore (y-2)x^2+(y+1)x+y-n=0$.

① 若 $y-2=0 \Rightarrow y=2, 3x=n-2 \Rightarrow x=\dfrac{n-2}{3}$. (不合题意,舍)

② 若 $y \neq 2, \Delta \geqslant 0 \Rightarrow (y+1)^2 - 4(y-2)(y-n) \geqslant 0, y^2+2y+1-4y^2 + 4ny+8y-8n \geqslant 0, \therefore a_n, b_n$ 是方程 $-3y^2+(10+4n)y+1-8n=0$ 的两个根,则 $a_n+b_n=\dfrac{4n+10}{3}, a_n b_n=\dfrac{8n-1}{3}, \therefore c_n=a_n+b_n+a_n b_n-15=4n-12.$

例4 求函数 $y=\dfrac{x^2+x-1}{x^2+x+6}$ 的值域.

错解: $\because y=\dfrac{x^2+x-1}{x^2+x+6}, \therefore yx^2+yx+6y=x^2+x-1, \therefore$ 有

$$(y-1)x^2+(y-1)x+6y+1=0 \qquad ①$$

$\because$ 方程 ① 是关于 x 的二次方程,它有实根的充要条件是 $\Delta=(y-1)^2-4(y-1) \cdot (6y+1) \geqslant 0$,即 $(y-1)(23y+5) \leqslant 0$,解得 $-\dfrac{5}{23} \leqslant y \leqslant 1.\therefore$ 所求函数的值域为 $\left[-\dfrac{5}{23}, 1\right].$

分析

事实上,当 $y-1=0$,即 $y=1$ 时,方程 ① 不再是关于 x 的二次方程了,就不能再用判别式了.

正解: $\because y=\dfrac{x^2+x-1}{x^2+x+6}, \therefore$ 有

$$(y-1)x^2+(y-1)x+6y+1=0 \qquad ①$$

当 $y-1=0$,即 $y=1$ 时,方程 ① 为 $7=0$,不成立,故 $y \neq 1$;当 $y-1 \neq 0$,即 $y \neq 1$ 时,$\Delta=(y-1)^2-4(y-1)(6y+1) \geqslant 0$,即 $(y-1)(23y+5) \leqslant 0$,解得 $-\dfrac{5}{23} \leqslant y < 1$. 综上可得,所求函数的值域为 $\left[-\dfrac{5}{23}, 1\right).$

例5 求函数 $y=\dfrac{x^2+x-2}{x^2-1}$ 的值域.

错解: $\because y=\dfrac{x^2+x-2}{x^2-1}$ $(x \neq \pm 1), \therefore yx^2-y=x^2+x-2, \therefore$ 有

$$(y-1)x^2 - x - y + 2 = 0. \qquad ①$$

当 $y-1=0$，即 $y=1$ 时，由 ① 得 $x=1$（舍去），$\therefore y \neq 1$；当 $y-1 \neq 0$，即 $y \neq 1$ 时，$\Delta = 1 - 4(y-1)(-y+2) \geq 0$，即 $(2y-3)^2 \geq 0$，$\therefore y \in \mathbf{R}$.

综上可得，所求函数的值域为 $\{y \mid y \neq 1$ 且 $y \in \mathbf{R}\}$.

分析

事实上，当 $y = \dfrac{3}{2}$，即 $\dfrac{x^2 + x - 2}{x^2 - 1} = \dfrac{3}{2}$ 时，解得 $x = 1$，而当 $x = 1$ 时，原函数没有意义，故 $y \neq \dfrac{3}{2}$. 产生错误的原因在于，当 $x = 1$ 时，$(y-1)x^2 - x - y + 2$ 的值等于零，所以 $x = 1$ 是方程 ② 的根，但这个根不属于原函数的定义域，所以方程 ② 与方程 ① 不同解，故函数 $y = \dfrac{x^2 + x - 2}{x^2 - 1}$ 不能转化为二次方程，用二次方程的理论行不通.

正解：原函数可化为 $y = \dfrac{(x+2)(x-1)}{(x-1)(x+1)} = \dfrac{(x+2)}{(x+1)}$（$x \neq 1$ 且 $x \neq -1$），即 $y = 1 + \dfrac{1}{x+1}$（$x \neq 1$ 且 $x \neq -1$），$\because \dfrac{1}{x+1} \neq 0$，$\therefore y \neq 1$. 又 $\because x \neq 1$，$\therefore y \neq \dfrac{3}{2}$，$\therefore$ 所求函数的值域为 $\left\{y \mid y \neq 1 \text{ 且 } y \neq \dfrac{3}{2}\right\}$.

▰ 本节方法总结

判别式法是求函数值域的重要方法之一，常适用于形如 $y = \dfrac{ax^2 + bx + c}{dx^2 + ex + f}$ 和 $y = ax + b \pm \sqrt{cx^2 + dx + e}$ 的函数. 判别式法的依据：任何一个函数的定义域应是非空数集，故将原函数看成关于 x 的方程应有实数解，从而求出 y 的范围. 判别式法虽然用起来很方便，但如果不加注意，很容易产生错误. 所以，在用判别式法求函数的值域时，由于变形过程中易出现不可逆的步骤，从而改变了函数的定义域. 因此，用判别式法求函数值域时，变形过程应是等价的，必须考虑原函数的定义域，判别式存在的前提，一是二次项前的系数必须不等于零，二是函数的定义域必须是 $\mathbf{R}$，并注意检验区间端点是否符合要求，若不是，可采用其他方法.

变式练习

变式练习1 求函数 $y = \dfrac{2x^2 - 2x + 3}{x^2 - x + 1}$ 的值域.

解:将原式转化为

$$(y-2)x^2 - (y-2)x + (y-3) = 0. \qquad ①$$

当 $y \neq 2$ 时,由 $\Delta = (y-2)^2 - 4(y-2)(y-3) \geqslant 0$,解得 $2 \leqslant y \leqslant \dfrac{10}{3}$;当 $y = 2$ 时,方程 ① 无解. $\therefore$ 所求函数的值域为 $\left(2, \dfrac{10}{3}\right]$.

变式练习2 函数 $y = \dfrac{x^2 - 1}{x^2 + 1}$ 的值域.

解法一:(逆求法)$\because x^2 = \dfrac{1+y}{1-y} \geqslant 0$,$\therefore -1 \leqslant y < 1$,$\therefore$ 所求函数的值域为 $[-1, 1)$.

解法二:(换元法)设 $x^2 + 1 = t$,$\because t \geqslant 1$,$\therefore 0 < \dfrac{2}{t} \leqslant 2$,$\therefore -1 \leqslant y < 1$,$\therefore$ 所求函数的值域为 $[-1, 1)$.

解法三:(判别式法)原函数可化为 $(y-1)x^2 + 0 \cdot x + y + 1 = 0$. 当 $y = 1$ 时,不成立;当 $y \neq 1$ 时,$\Delta \geqslant 0 \Rightarrow 0 - 4(y-1)(y+1) \geqslant 0 \Rightarrow -1 \leqslant y \leqslant 1$,$\therefore -1 \leqslant y < 1$.

综上可得,所求函数的值域为 $[-1, 1)$.

解法四:(三角换元法)$\because x \in \mathbf{R}$,$\therefore$ 设 $x = \tan\theta \in \left(-\dfrac{\pi}{2}, \dfrac{\pi}{2}\right)$,则 $y = -\dfrac{1 - \tan^2\theta}{1 + \tan^2\theta} = -\cos 2\theta$,$\because 2\theta \in (-\pi, \pi)$,$\therefore \cos 2\theta \in (-1, 1]$,$\therefore$ 所求函数的值域为 $[-1, 1)$.

变式练习3 求函数 $y = \dfrac{5}{2x^2 - 4x + 3}$ 的值域.

解法一:(判别式法)将原式转化为 $2yx^2 - 4yx + (3y-5) = 0$. 当 $y = 0$ 时,不成立;当 $y \neq 0$ 时,$\Delta \geqslant 0$ 得 $(4y)^2 - 8y(3y-5) \geqslant 0 \Rightarrow 0 \leqslant y \leqslant 5$,$\therefore 0 < y \leqslant 5$.

综上可得,所求函数的值域为 $(0, 5]$.

解法二：（换元法）令 $2x^2-4x+3=t$，则 $y=\dfrac{5}{t}$，$\because t=2(x-1)^2+1\geqslant 1$，$\therefore 0<y\leqslant 5$，$\therefore$ 所求函数的值域为 $(0,5]$.

第 6 节　反函数法

一般地，设函数 $y=f(x)(x\in A)$ 的值域是 C，根据这个函数中 x,y 的关系，用 y 把 x 表示出，得到 $x=g(y)$，x 在 A 中都有唯一的值和它对应，那么 $x=g(y)$ 就表示 y 是自变量，x 是因变量，这样的函数 $x=g(y)(y\in C)$ 叫作函数 $y=f(x)(x\in A)$ 的反函数，记作 $y=f^{-1}(x)$. 反函数 $y=f^{-1}(x)$ 的定义域、值域分别是函数 $y=f(x)$ 的值域、定义域.

利用这一性质，先求出其反函数，进而通过求其反函数的定义域的方法求原函数的值域的方法叫作反函数法（或反求 x 法）.

例 1　求函数 $y=\dfrac{3x}{x-1}$ 的值域.

解：由于题中分子、分母均只含有自变量的一次型，易反解出 x，从而便于求出反函数.

由 $y=\dfrac{3x}{x-1}$ 反解得 $x=\dfrac{y}{y-3}$，即 $y=\dfrac{x}{x-3}$，故所求函数的值域为 $(-\infty,3)\cup(3,+\infty)$.

例 2　求函数 $y=\dfrac{4x+3}{6x+5}$ 的值域.

解：由原函数式可得 $x=\dfrac{3-5y}{6y-4}$，则其反函数为 $y=\dfrac{3-5x}{6x-4}$，其定义域为 $x\neq\dfrac{2}{3}$，故所求函数的值域为 $\left(-\infty,\dfrac{2}{3}\right)\cup\left(\dfrac{2}{3},+\infty\right)$.

例 3　求函数 $y=\dfrac{e^x-1}{e^x+1}$ 的值域.

解：原函数的反函数为 $y^{-1}=\ln\dfrac{1+x}{1-x}$，此函数的定义域为 $x\in(-1,1)$，故所求函数的值域为 $(-1,1)$.

◤ 本节方法总结

反函数法是建立在一一对应的基础上，先求出用 y 表示 x 的解析式，y 的范围就是值域．

◤ 变式练习

变式练习1 求函数 $y = \dfrac{x+1}{x+2}$ 的值域．

解： 显然函数 $y = \dfrac{x+1}{x+2}$ 的反函数为 $x = \dfrac{1-2y}{y-1}$，其定义域为 $y \neq 1$，故所求函数的值域为 $\{y \mid y \neq 1\}$．

变式练习2 求函数 $y = \dfrac{x-1}{x+2}$ 的值域．

解：（反求 x 法）原函数解得 $x = \dfrac{1+2y}{1-y}$，观察得所求函数的值域为 $\{y \mid y \neq 1\}$．

变式练习3 求函数 $y = \dfrac{3^x}{3^x+1}$ 的值域．

解法一：（反求 x 法）$\because 3^x = \dfrac{y}{1-y} > 0, \therefore 0 < y < 1, \therefore$ 所求函数的值域为 $(0,1)$．

解法二：（换元法）设 $3^x + 1 = t$，则 $y = \dfrac{3^x + 1 - 1}{3^x + 1} = 1 - \dfrac{1}{3^x + 1} = 1 - \dfrac{1}{t}(t > 1)$．$\because t > 1, \therefore 0 < \dfrac{1}{t} < 1, \therefore 0 < y < 1, \therefore$ 所求函数的值域为 $(0,1)$．

变式练习4 求函数 $y = \dfrac{2x+3}{3x-2}$ 的值域．

解： 函数 $y = \dfrac{2x+3}{3x-2}$ 的反函数为 $x = \dfrac{2y+3}{3y-2}$，其定义域为 $y \neq \dfrac{2}{3}$，故所求函数的值域为 $\left\{y \mid y \neq \dfrac{2}{3}\right\}$．

第7节　数形结合法

把函数和图象有机结合起来,利用图形的直观性求出函数值域的方法叫作数形结合法.

例 1 若 $x \in \mathbf{R}$,函数 $F(x)$ 表示 $y = -x + 3, y = x^2 - 4x + 3, y = \dfrac{3}{2}x + \dfrac{1}{2}$ 中最大的一个,则函数 $F(x)$ 的最小值是(　　).

A. 0　　　　B. 3　　　　C. 2　　　　D. -1

分析

分别作出三个函数的图象,利用数形结合求出 $F(x)$ 的最小值.

解: 分别作出 $y = -x + 3, y = x^2 - 4x + 3, y = \dfrac{3}{2}x + \dfrac{1}{2}$ 的图象如图 1-6 所示 (阴影部分对应曲线 $ABCDE$). 由图象可知,函数 $F(x)$ 在 C 处取得最小值,由

$$\begin{cases} y = -x + 3 \\ y = \dfrac{3}{2}x + \dfrac{1}{2} \end{cases} 得 \begin{cases} x = 1, \\ y = 2, \end{cases} 即 F(x) 的最小值为 2. 故选 C.$$

例 2 求函数 $y = |x - 2| + |x + 1|$ 的值域.

解法一: 将原函数化为分段函数形式,即 $y = \begin{cases} -2x + 1, x < -1, \\ 3, \quad -1 \leqslant x \leqslant 2, \\ 2x - 1, x > 2. \end{cases}$ 画出它的

图象(见图 1-7),由图象可知,所求函数的值域为 $[3, +\infty)$.

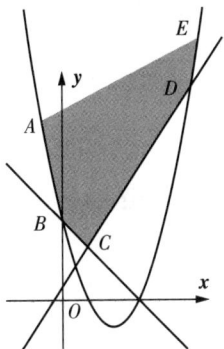

图 1-6　例 1 解析示意图　　　　图 1-7　分段函数形式的图象

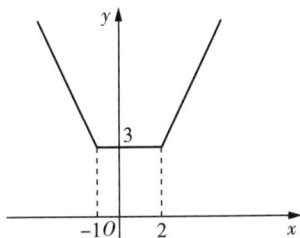

解法二:∵ 函数 $y=|x+1|+|x-2|$ 表示数轴上的动点 x 到两定点 $-1,2$ 的距离之和,∴ 易见 y 的最小值是 3,∴ 所求函数的值域为 $[3,+\infty)$.

例3 求函数 $y=\sqrt{x^2+4x+5}-\sqrt{x^2-6x+13}$ 的值域.

解:将函数变形为 $y=\sqrt{(x+2)^2+(0-1)^2}-\sqrt{(x-3)^2+(0-2)^2}$. 上式可看成定点 $A(-2,1)$ 到点 $P(x,0)$ 的距离与定点 $B(3,2)$ 到点 $P(x,0)$ 的距离之差,即 $y=|AP|-|BP|$,如图1-8所示. 由图象可知,① 当点 P 恰好为直线 AB 与 x 轴的交点时,有 $||AP|-|BP||=|AB|=\sqrt{26}$;② 当点 P 在 x 轴上且不是直线 AB 与 x 轴的交点时,如点 P',则构成 $\triangle ABP'$,根据三角形两边之差小于第三边,有 $||AP'|-|BP'||<|AB|=\sqrt{(3+2)^2+(2-1)^2}=\sqrt{26}$,即 $-\sqrt{26}<x<\sqrt{26}$.

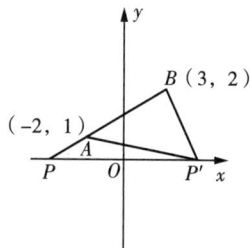

图 1-8 例3解析示意图

综上可得,所求函数的值域为 $[-\sqrt{26},\sqrt{26})$.

注:求两距离之和时,要将函数式变形,使 A,B 两点在 x 轴的两侧,而求两距离之差时,则要使 A,B 两点在 x 轴的同侧.

例4 已知向量 $\overrightarrow{OB}=(2,0)$,向量 $\overrightarrow{CA}=(\sqrt{2}\cos\alpha,\sqrt{2}\sin\alpha)$,向量 $\overrightarrow{OC}=(2,2)$,求向量 $\overrightarrow{OA}$ 与向量 $\overrightarrow{OB}$ 的夹角的取值范围.

解:由题意得 $\overrightarrow{OA}=\overrightarrow{OC}+\overrightarrow{CA}=(2+\sqrt{2}\cos\alpha,2+\sqrt{2}\sin\alpha)$,所以点 A 的轨迹是圆 $(x-2)^2+(y-2)^2=2$,如图1-9所示,当 A 位于使向量 $\overrightarrow{OA}$ 与圆相切时,向量 $\overrightarrow{OA}$ 与向量 $\overrightarrow{OB}$ 的夹角分别达到最大值 $\frac{5}{12}\pi$、最小值 $\frac{\pi}{12}$. 所以向量 $\overrightarrow{OA}$ 与向量 $\overrightarrow{OB}$ 的夹角的取值范围为 $\left[\frac{\pi}{12},\frac{5}{12}\pi\right]$.

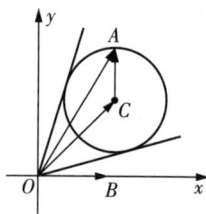

图 1-9 例4解析示意图

例5 在 $\triangle ABC$ 中,$\angle A,\angle B,\angle C$ 所对的边分别是 a,b,c,且 $c=10,\frac{\cos A}{\cos B}=\frac{b}{a}=\frac{4}{3}$,$E$ 是 $\triangle ABC$ 内切圆上的一动点,求 E 到 A,B,C 的距离平方和的最大值和最小值.

解：如图 1-10 所示，$\because \dfrac{\cos A}{\cos B}=\dfrac{b}{a}=\dfrac{4}{3}=\dfrac{\sin B}{\sin A}\Rightarrow \sin A\cos A=\sin B\cos B\Rightarrow \sin 2A=$

$\sin 2B,\because a\neq b,\therefore 2A=\pi-2B\Rightarrow A+B=\dfrac{\pi}{2},C=\dfrac{\pi}{2},\dfrac{b}{a}=\dfrac{4}{3},\therefore c^2=a^2+b^2=100\Rightarrow$

$a=6,b=8.\therefore \triangle ABC$ 是直角三角形，以 CB,CA 分别为 x 轴，y 轴，C 为原点建系，

则 $B(6,0),A(0,8)$. 设内切圆 O 的半径为 $r,\dfrac{1}{2}r(a+b+c)=\dfrac{1}{2}ab\Rightarrow r=2,\therefore$ 圆

$O:(x-2)^2+(y-2)^2=4,\therefore |EA|^2+|EB|^2+|EC|^2=(x-6)^2+y^2+x^2+$

$(y-8)^2+x^2+y^2=3[(x-2)^2+(y-2)^2]-4y+76=88-4y,y\in[0,4]$,

$\therefore |EA|^2+|EB|^2+|EC|^2$ 的最大值为 88，最小值为 72.

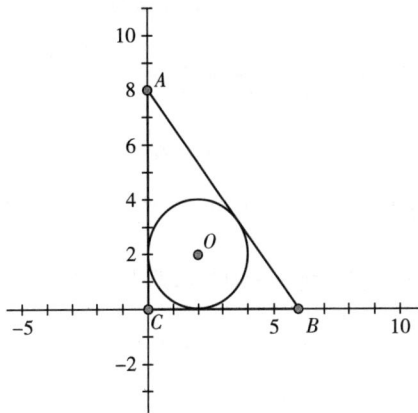

图 1-10　例 5 解析示意图

本节方法总结

　　数形结合法的特点是函数的解析式具有明显的某种几何意义，如两点的距离公式、直线斜率等，其要旨是画图象，找出解题突破口．

变式练习

　　变式练习 1　求函数 $y=|x-1|+|x-3|$ 的值域．

　　解：此题首先是如何去掉绝对值，将其写成分段函数形式，$y=$
$\begin{cases}-2x+4,x\in(-\infty,1],\\ 2,x\in(1,3),\\ 2x-4,x\in[3,+\infty).\end{cases}$　　　　在对应的区间内，画出此函数的图象，如图 1-11 所

示,易得出所求函数的值域为$[2,+\infty)$.

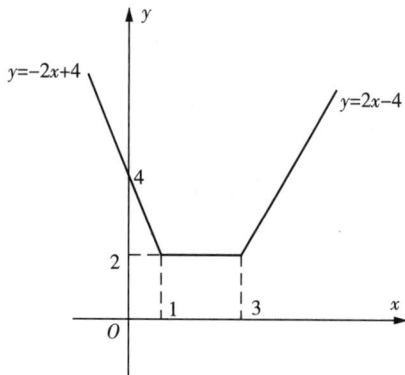

图 1-11　变式练习 1 解析示意图

变式练习 2　求函数 $y=\sqrt{x^2-6x+13}+\sqrt{x^2+4x+5}$ 的值域.

解:原函数可变形为 $y=\sqrt{(x-3)^2+(0-2)^2}+\sqrt{(x+2)^2+(0+1)^2}$.

上式可看成 x 轴上的点 $P(x,0)$ 到两定点 $A(3,2)$,$B(-2,-1)$ 的距离之和,由图 1-12 可知,当点 P 为线段与 x 轴的交点时,$y_{\min}=\sqrt{(3+2)^2+(2+1)^2}=\sqrt{34}$,故所求函数的值域为 $[\sqrt{34},+\infty)$.

变式练习 3　设 $f(x)$ 表示 $-x+6$ 和 $-2x^2+4x+6$ 中较小者,求函数 $f(x)$ 的最大值.

解:在同一坐标系中,作出函数 $y=-x+6$ 和函数 $y=-2x^2+4x+6$ 的图象,如图 1-13 所示.

由题意得,函数 $f(x)$ 的图象为图中的实线部分,观察图象可得,当 $x=0$ 时,函数 $f(x)$ 取得最大值,最大值为 6.

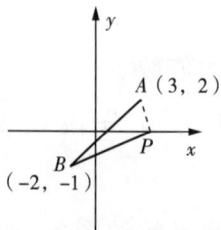

图 1-12　变式练习 2 解析示意图

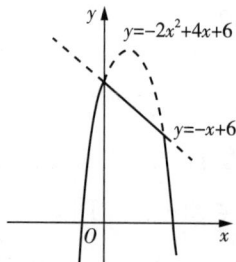

图 1-13　变式练习 3 解析示意图

变式练习 4 求函数 $y = \dfrac{3 - \sin x}{2 - \cos x}$ 的值域.

解:看到该函数的形式,我们可联想到直线中

已知两点求直线的斜率的公式 $k = \dfrac{y_2 - y_1}{x_2 - x_1}$,将原函

数视为定点 $(2,3)$ 到动点 $(\cos x, \sin x)$ 的斜率,又知

动点 $(\cos x, \sin x)$ 满足单位圆的方程,从而问题就

转化为求点 $(2,3)$ 到单位圆连线的斜率问题,作出

图象(见图 $1-14$),观察易得最值在直线和圆上点

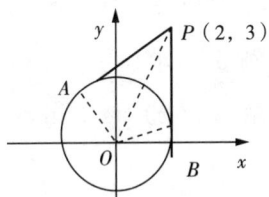

图 $1-14$ 变式练习 4
解析示意图

的连线和圆相切时取得,从而解得所求函数的值域为 $\left[\dfrac{6 - 2\sqrt{3}}{3}, \dfrac{6 + 2\sqrt{3}}{3} \right]$.

第 8 节 不等式法

通过变形,将函数解析式化为具有基本不等式或柯西不等式的结构特征,利

用这两个不等式来求函数的值域的方法叫作不等式法.

1. 利用基本不等式 $\sqrt{ab} \leqslant \dfrac{a+b}{2} (a, b \in \mathbf{R}^+)$ 求值域

例 1   已知 $x > 0, y > 0$ 且 $x + y = 1$,求 $\dfrac{1}{x} + \dfrac{1}{y}$ 的最小值.

解:$\because x + y = 1, \therefore \dfrac{1}{x} + \dfrac{1}{y} = (x + y)\left(\dfrac{1}{x} + \dfrac{1}{y} \right) = 2 + \dfrac{y}{x} + \dfrac{x}{y} \geqslant 2 + 2\sqrt{\dfrac{y}{x} \cdot \dfrac{x}{y}} = $

$4, \therefore$ 最小值为 4.

例 2   求函数 $y = \dfrac{x^2 + 2x + 2}{x + 1}$ 的值域.

解:原函数变形为 $y = \dfrac{(x+1)(x+1) + 1}{x + 1} = (x + 1) + \dfrac{1}{x + 1}$.

① 当 $x > -1$ 时,$x + 1 > 0, \dfrac{1}{x + 1} > 0$,此时 $y \geqslant 2$,等号成立,当且仅

当 $x = 0$.

② 当 $x < -1$ 时,$-(x + 1) > 0, -\dfrac{1}{x + 1} > 0$,此时有 $y = \dfrac{(x+1)(x+1) + 1}{x + 1} = $

$$(x+1)+\frac{1}{x+1}=-\left[-(x+1)-\frac{1}{x+1}\right]\leqslant-2,等号成立,当且仅当 x=-2.$$

综上可得,所求函数的值域为 $(-\infty,-2]\bigcup[2,+\infty)$.

例3 求函数 $f(x)=2\sin x\sin 2x$ 的值域.

解: $f(x)=2\sin x\sin 2x=4\sin^2 x\cos x$, $f^2(x)=16\sin^4 x\cos^2 x=8\sin^2 x$

$\sin^2 x(2-2\sin^2 x)\leqslant 8\left(\dfrac{\sin^2 x+\sin^2 x+2-2\sin^2 x}{3}\right)^3=\dfrac{64}{27}.$ 当且仅当 $\sin^2 x=2-$

$2\sin^2 x$,即当 $\sin^2 x=\dfrac{2}{3}$ 时,等号成立. 由 $f^2(x)\leqslant\dfrac{64}{27}$,可得 $-\dfrac{8\sqrt{3}}{9}\leqslant f(x)\leqslant$

$\dfrac{8\sqrt{3}}{9}.$ 故所求函数的值域为 $\left[-\dfrac{8\sqrt{3}}{9},\dfrac{8\sqrt{3}}{9}\right].$

例4 某公园有一个底面是矩形的建筑 $ABCD$,如图 $1-15$ 所示,现在要将矩形区域扩大成更大的矩形 $AMPN$,以便在建筑两面种植花草,要求站在点 M 位置能够看到点 N 位置,即 M,C,N 在一条直线上,已知 $AB=3$ m, $AD=2$ m.

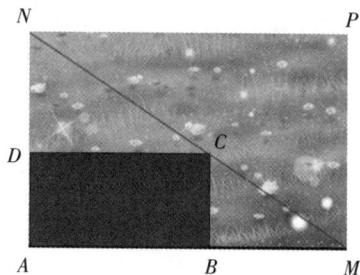

图 $1-15$ 矩形建筑 $ABCD$ 示意图

(1)要使矩形 $AMPN$ 面积大于 32 m^2,则 DN 的长应该在什么范围?

(2)当 DN 的长是多少米时,矩形 $AMPN$ 面积最小,并求出最小面积.

分析

(1)设 $DN=x$ m,则 $AN=x+2$,由相似得 $AM=\dfrac{3(x+2)}{x}(x>0)$,得面积表达式,解不等式即可;(2)利用基本不等式求最值即可.

解:(1)设 $DN=x$,则 $AN=x+2$,由相似得 $AM=\dfrac{3(x+2)}{x}(x>0)$,则矩形

$AMPN$ 的面积为 $S=\dfrac{3(x+2)^2}{x}$,由题意,$\dfrac{3(x+2)^2}{x}\geqslant 32$,即 $3x^2-20x+12>$

0,解得 $0<x<\dfrac{2}{3}$ 或 $x>6$,所以 DN 的长的取值范围为 $\left(0,\dfrac{2}{3}\right)\bigcup(6,+\infty)$.

（2）要使面积最小，即 $S = \dfrac{3(x+2)^2}{x} = 3x + \dfrac{12}{x} + 12 \geqslant 2\sqrt{3x \cdot \dfrac{12}{x}} + 12 = 24$，当

$x = 2$ 时取得最小值，所以当 $DN = 2$ 时，矩形 $AMPN$ 的面积最小，最小面积为 $24~\mathrm{m}^2$.

■ 本节方法总结

利用均值不等式解题时一定要注意"一正，二定，三等"三个条件缺一不可．此方法的难度在于要把不等式变形、配凑成满足以上三个条件的形式．

2. 利用柯西不等式求值域

柯西不等式是一个非常重要的不等式，它本身和它的推广，对最值求解能起到很好的效果．

二维柯西不等式：设 $a, b, c, d \in \mathbf{R}$，则 $(a^2 + b^2)(c^2 + d^2) \geqslant (ac + bd)^2$，当且仅当 $\dfrac{a}{c} = \dfrac{b}{d}$ 时取等号．

例 1　函数 $y = 3\sqrt{7-x} + 4\sqrt{x-3}$ 的最大值为（　　）．

A. 10　　　　　B. 8　　　　　C. 5　　　　　D. 12

分析

利用向量的关系 $|\vec{a} \cdot \vec{b}| \leqslant |\vec{a}||\vec{b}|$，可设向量 $\vec{a} = (3, 4)$，$\vec{b} = (\sqrt{7-x}, \sqrt{x-3})$，然后进行求解即可．

解： 由已知得，函数的定义域为 $3 \leqslant x \leqslant 7$，设向量 $\vec{a} = (3, 4)$，$\vec{b} = (\sqrt{7-x}, \sqrt{x-3})$，则 $|\vec{a}| = 5$，$|\vec{b}| = 2$，$|\vec{a} \cdot \vec{b}| \leqslant |\vec{a}||\vec{b}| = 10$，当且仅当 $\vec{a} \parallel \vec{b}$，即 $3\sqrt{x-3} - 4\sqrt{7-x} = 0$ 时取等号，解得 $x = \dfrac{139}{25}$，属于定义域范围，所以该函数 y 可以取得的最大值为 10. 故答案选 A.

例 2　已知 $a, b, c \in R$，$a + 2b + 3c = 6$，求 $a^2 + 4b^2 + 9c^2$ 的最小值．

解： $\because (a^2 + 4b^2 + 9c^2)(1^2 + 1^2 + 1^2) \geqslant (a + 2b + 3c)^2$，$\therefore a^2 + 4b^2 + 9c^2 \geqslant 12$，当且仅当 $a : 2b : 3c = 1 : 1 : 1$，即 $a = 2$，$b = 1$，$c = \dfrac{2}{3}$ 时取等号，故 $a^2 + 4b^2 + 9c^2$ 的最小值为 12.

例 3 已知实数 x,y 满足 $x>y>0$，且 $x+y\leqslant 2$，求 $\dfrac{2}{x+3y}+\dfrac{1}{x-y}$ 的最小值.

解法一： $\because 4\geqslant 2x+2y,\therefore 4\left(\dfrac{2}{x+3y}+\dfrac{1}{x-y}\right)\geqslant\left(\dfrac{2}{x+3y}+\dfrac{1}{x-y}\right)[(x+3y)+(x-y)]=3+\dfrac{2(x-y)}{x+3y}+\dfrac{x+3y}{x-y}\geqslant 3+2\sqrt{2}$，当且仅当 $x=2\sqrt{2}-1,y=3-2\sqrt{2}$ 时取等号，故 $\dfrac{2}{x+3y}+\dfrac{1}{x-y}$ 的最小值为 $\dfrac{3+2\sqrt{2}}{4}$.

注： 这是一个二元函数的最值问题，通常有两种方法，一是通过消元转化为一元函数，再用单调性或基本不等式求解，二是直接用基本不等式求解，因为已知条件中既有和的形式，又有积的形式，所以不能一步到位求出最值，需考虑用基本不等式放缩后，再通过不等式的途径进行求解.

解法二： 利用不等式 $\dfrac{a^2}{p}+\dfrac{b^2}{q}\geqslant\dfrac{(a+b)^2}{p+q}$ 引证. 记向量 $\vec{x}=\left(\dfrac{a}{\sqrt{p}},\dfrac{b}{\sqrt{q}}\right)$，$\vec{y}=(\sqrt{p},\sqrt{q})$，$\because (\vec{x}\cdot\vec{y})^2\leqslant|\vec{x}|^2\cdot|\vec{y}|^2$，$\therefore \dfrac{a^2}{p}+\dfrac{b^2}{q}\geqslant\dfrac{(a+b)^2}{p+q}$，则 $\dfrac{2}{x+3y}+\dfrac{1}{x-y}\geqslant\dfrac{(\sqrt{2}+1)^2}{2(x+y)}\geqslant\dfrac{3+2\sqrt{2}}{4}$.

注： 在求有些多元函数的最值时，恰当地构造向量模型，利用向量数量积的性质，可使复杂问题变得简单明了，解题显得巧妙自然.

解法三： $\because x>y>0,x+y\leqslant 2,\therefore 0<y<1$，又 $\because \dfrac{2}{x+3y}+\dfrac{1}{x-y}\geqslant\dfrac{2}{2+2y}+\dfrac{1}{2-2y}=\dfrac{3-y}{2(1+y)(1-y)}=\dfrac{1}{2}\cdot\dfrac{1}{6-\left(3-y+\dfrac{8}{3-y}\right)}\geqslant\dfrac{3+2\sqrt{2}}{4}$，当且仅当 $x=2\sqrt{2}-1,y=3-2\sqrt{2}$ 时取等号.

注： 该解法利用条件将不等式放缩后，通过消元转化为一元函数，再用基本不等式求解.

◤ 本节方法总结

利用柯西不等式求最值，关键在于对代数式朝着定值条件等式去进行配凑，同时也要注意等号成立的条件.

变式练习

变式练习 1 已知 $a>0,b>0,a+b=2$，求 $y=\dfrac{1}{a}+\dfrac{4}{b}$ 的最小值．

解：$\because a+b=2,\therefore \dfrac{a+b}{2}=1$，则 $\dfrac{1}{a}+\dfrac{4}{b}=\left(\dfrac{1}{a}+\dfrac{4}{b}\right)\left(\dfrac{a+b}{2}\right)=\dfrac{1}{2}+\dfrac{b}{2a}+\dfrac{2a}{b}+2=$

$\dfrac{5}{2}+\dfrac{2a}{b}+\dfrac{b}{2a}\geqslant \dfrac{5}{2}+2\sqrt{\dfrac{b}{2a}\cdot\dfrac{2a}{b}}=\dfrac{9}{2}$，故所求函数的最小值为 $\dfrac{9}{2}$．

变式练习 2 已知 $\dfrac{\sin\beta}{\sin\alpha}=\cos(\alpha+\beta)$，其中 α,β 为锐角，求 $\tan\beta$ 的最大值．

解：由 $\sin\beta=\sin[(\alpha+\beta)-\alpha]=\sin(\alpha+\beta)\cos\alpha-\cos(\alpha+\beta)\sin\alpha=$
$\sin\alpha\cos(\alpha+\beta)$，即 $\sin(\alpha+\beta)\cos\alpha=2\sin\alpha\cos(\alpha+\beta)$，有 $\tan(\alpha+\beta)=2\tan\alpha$，于是

$\tan\beta=\tan[(\alpha+\beta)-\alpha]=\dfrac{\tan(\alpha+\beta)-\tan\alpha}{1+\tan\alpha\tan(\alpha+\beta)}=\dfrac{\tan\alpha}{1+2\tan^2\alpha}=\dfrac{1}{\dfrac{1}{\tan\alpha}+2\tan\alpha}$，$\therefore\tan\beta\leqslant$

$\dfrac{\sqrt{2}}{4}$，当 $\dfrac{1}{\tan\alpha}=2\tan\alpha$，即 $\tan^2\alpha=\dfrac{1}{2}$ 时有 $(\tan\beta)_{\max}=\dfrac{\sqrt{2}}{4}$．

变式练习 3 已知 $2x+3y+4z=1$，求 $x^2+y^2+z^2$ 的最小值．

解：$\because 2x+3y+4z=1$，根据柯西不等式可得，$(x^2+y^2+z^2)(4+9+16)\geqslant$
$(2x+3y+4z)^2=1$，故 $x^2+y^2+z^2\geqslant\dfrac{1}{29}$，当且仅当 $\dfrac{x}{2}=\dfrac{y}{3}=\dfrac{z}{4}$ 时取等号，故 x^2+
y^2+z^2 的最小值为 $\dfrac{1}{29}$．

变式练习 4 设 $x,y\in\mathbf{R}$，且 $xy\neq 0$，求 $\left(x^2+\dfrac{4}{y^2}\right)\left(\dfrac{1}{x^2}+y^2\right)$ 的最小值．

解：$\left(x^2+\dfrac{4}{y^2}\right)\left(\dfrac{1}{x^2}+y^2\right)\geqslant\left(x\cdot\dfrac{1}{x}+\dfrac{2}{y}\cdot y\right)^2=9$，当且仅当 $xy=\dfrac{2}{xy}$，即 $xy=$
$\pm\sqrt{2}$ 时取等号．

第 9 节　单调性法

利用函数在给定的区间上的单调递增或单调递减求值域的方法叫作单调性法．

例 1 求函数 $y=3x-\sqrt{1-4x}\left(x\leqslant\dfrac{1}{4}\right)$ 的值域．

解:设 $f(x)=3x$,$g(x)=-\sqrt{1-4x}\left(x\leqslant\dfrac{1}{4}\right)$,易知它们在定义域内为增函数,从而 $y=f(x)+g(x)=3x-\sqrt{1-4x}$ 在定义域为 $\left(-\infty,\dfrac{1}{4}\right]$ 上也为增函数,而且 $y\leqslant f\left(\dfrac{1}{4}\right)+g\left(\dfrac{1}{4}\right)=\dfrac{3}{4}$,因此,所求函数的值域为 $\left(-\infty,\dfrac{3}{4}\right]$.

例 2 求函数 $y=\log_3\sqrt{x-1}+2^{x-5}(2\leqslant x\leqslant 10)$ 的值域.

解:令 $y_1=\log_3\sqrt{x-1}$,$y_2=2^{x-5}$,则 y_1,y_2 在 $[2,10]$ 上都是增函数.$\therefore y=y_1+y_2$ 在 $[2,10]$ 上是增函数.

当 $x=2$ 时,$y_{\min}=\log_3\sqrt{2-1}+2^{-3}=\dfrac{1}{8}$;

当 $x=10$ 时,$y_{\max}=\log_3\sqrt{9}+2^5=33$.

故所求函数的值域为 $\left[\dfrac{1}{8},33\right]$.

例 3 求函数 $y=\sqrt{x+1}-\sqrt{x-1}$ 的值域.

解:原函数可化为 $y=\dfrac{2}{\sqrt{x+1}+\sqrt{x-1}}$.令 $y_1=\sqrt{x+1}$,$y_2=\sqrt{x-1}$,显然 y_1,y_2 在 $[1,+\infty)$ 上为无上界的增函数,所以 $y=y_1+y_2$ 在 $[1,+\infty)$ 上也为无上界的增函数.所以当 $x=1$ 时,$y=y_1+y_2$ 有最小值,最小值为 $\sqrt{2}$,原函数有最大值,最大值为 $\dfrac{2}{\sqrt{2}}=\sqrt{2}$.显然 $y>0$,故所求函数的值域为 $(0,\sqrt{2}]$.

例 4 求函数 $y=\log_2(4x-x^2)$ 的值域.

解:由于函数本身是由对数函数(外层函数)和二次函数(内层函数)复合而成,故可令 $f(x)=-x^2+4x(f(x)>0)$,配方得 $f(x)=-(x-2)^2+4$,所以 $f(x)\in(0,4)$,由复合函数的单调性(同增异减)可知,所求函数的值域为 $(-\infty,2]$.

◤ 本节方法总结

利用单调性求函数的值域,在函数给定的区间上,或求出函数隐含的区间,结合函数的增减性,求出其函数在区间端点的函数值,进而确定函数的值域.

变式练习

变式练习1 求函数 $y = 3 + \sqrt{4-x}$ 的值域.

解: $\because \sqrt{4-x} \geqslant 0, \therefore$ 所求函数的值域为 $[3, +\infty)$.

变式练习2 求函数 $y = \sqrt{3x+6} - \sqrt{8-x}$ 的值域.

解: 此题可以看作 $y = u + v$ 和 $u = \sqrt{3x+6}, v = -\sqrt{8-x}$ 的复合函数,显然函数 $u = \sqrt{3x+6}$ 为单调递增函数,$v = -\sqrt{8-x}$ 亦是单调递增函数,故函数 $y = \sqrt{3x+6} - \sqrt{8-x}$ 也是单调递增函数. 而此函数的定义域为 $[-2, 8]$,当 $x = -2$ 时,y 取得最小值,最小值为 $-\sqrt{10}$;当 $x = 8$ 时,y 取得最大值,最大值为 $\sqrt{30}$. 故所求函数的值域为 $[-\sqrt{10}, \sqrt{30}]$.

第 10 节　有界性法

利用三角函数或一些代数表达式的有界性求值域的方法叫作有界性法.

例1 求函数 $y = \dfrac{e^x + 1}{e^x - 1}$ 的值域.

解: 由原函数式可得 $e^x = \dfrac{y+1}{y-1}, e^x > 0, \therefore \dfrac{y+1}{y-1} > 0$,解得 $y > 1$ 或 $y < -1$,故所求函数的值域为 $(-\infty, -1) \cup (1, +\infty)$.

例2 求函数 $y = \dfrac{2 + \sin x}{2 - \sin x}$ 的值域.

解: 由原函数式可得 $\sin x = \dfrac{2y - 2}{y + 1}, \because |\sin x| \leqslant 1, \therefore \left| \dfrac{2y - 2}{y + 1} \right| \leqslant 1$,即 $|2y - 2| \leqslant |y + 1|$. 两边平方,得 $4y^2 - 8y + 4 \leqslant y^2 + 2y + 1$,即 $3y^2 - 10y + 3 \leqslant 0$,解得 $\dfrac{1}{3} \leqslant y \leqslant 3$,故所求函数的值域为 $\left[\dfrac{1}{3}, 3 \right]$.

例3 求函数 $y = \dfrac{1 + x - 2x^2 + x^3 + x^4}{1 + 2x^2 + x^4}$ 的值域.

解: $y = \dfrac{1 - 2x^2 + x^4}{1 + 2x^2 + x^4} + \dfrac{x + x^3}{1 + 2x^2 + x^4} = \left(\dfrac{1 - x^2}{1 + x^2}\right)^2 + \dfrac{x}{1 + x^2}$, 令 $x = \tan\dfrac{\beta}{2}$, 则

$\left(\dfrac{1 - x^2}{1 + x^2}\right)^2 = \cos^2\beta$, $\dfrac{x}{1 + x^2} = \dfrac{1}{2}\sin\beta$, $\therefore y = \cos^2\beta + \dfrac{1}{2}\sin\beta = -\sin^2\beta + \dfrac{1}{2}\sin\beta + 1 =$

$-\left(\sin\beta - \dfrac{1}{4}\right)^2 + \dfrac{17}{16}$, $\therefore$ 当 $\sin\beta = \dfrac{1}{4}$ 时, $y_{\max} = \dfrac{17}{16}$; 当 $\sin\beta = -1$ 时, $y_{\min} = -\dfrac{1}{2}$. 此

时 $\tan\dfrac{\beta}{2}$ 都存在, 故所求函数的值域为 $\left[-\dfrac{1}{2}, \dfrac{17}{16}\right]$.

例 4 设实数 a, b, c 满足 $a^2 + b^2 \leqslant c \leqslant 1$, 求 $a + b + c$ 的最小值.

解法一: $\because c \geqslant a^2 + b^2$, $\therefore a + b + c \geqslant a + b + a^2 + b^2 = (a + \dfrac{1}{2})^2 + (b + \dfrac{1}{2})^2 -$

$\dfrac{1}{2}$, 故 $a + b + c$ 的最小值为 $-\dfrac{1}{2}$.

注: 根据条件进行放缩, 利用配方法解决问题.

解法二: $\because c \geqslant a^2 + b^2$, $\therefore a + b + c \geqslant a + b + a^2 + b^2$, 又 $\because a^2 + b^2 \geqslant \dfrac{(a + b)^2}{2}$,

$\therefore a + b + c \geqslant a + b + a^2 + b^2 \geqslant \dfrac{(a + b)^2}{2} + (a + b) = \dfrac{1}{2}\left[(a + b) + 1\right]^2 - \dfrac{1}{2}$, 故 $a +$

$b + c$ 的最小值为 $-\dfrac{1}{2}$.

注: 根据条件进行放缩, 关注到基本不等式, 同时有整体配方思想.

解法三: (换元法) 令 $a = r\cos\theta, b = r\sin\theta, r \in [0, 1]$, $a + b + c \geqslant a + b + a^2 +$

$b^2 = r^2 + r(\cos\theta + \sin\theta) = r^2 + \sqrt{2}r\sin\left(\theta + \dfrac{\pi}{4}\right) = \left[r + \dfrac{\sqrt{2}}{2}\sin\left(\theta + \dfrac{\pi}{4}\right)\right]^2 -$

$\dfrac{1}{2}\sin^2\left(\theta + \dfrac{\pi}{4}\right)$, 故 $a + b + c$ 的最小值为 $-\dfrac{1}{2}$.

注: 通过换元, 利用三角函数的有界性解决问题.

◣ 本节方法总结

有界性法解题常根据定义域的范围, 换元成三角函数(如设 $t = \sin\alpha$ 或 $t = \cos\alpha$) 使求解方便.

▶ 变式练习

变式练习 1　求函数 $y = \dfrac{\cos x}{\sin x - 3}$ 的值域.

解:由原函数式可得 $y \sin x - \cos x = 3y$,可化为 $\sqrt{y^2 + 1} \sin(x + \beta) = 3y$,即

$\sin(x + \beta) = \dfrac{3y}{\sqrt{y^2 + 1}}$. $\because x \in \mathbf{R}, \therefore \sin(x + \beta) \in [-1, 1]$,即 $-1 \leqslant \dfrac{3y}{\sqrt{y^2 + 1}} \leqslant 1$,

解得 $-\dfrac{\sqrt{2}}{4} \leqslant y \leqslant \dfrac{\sqrt{2}}{4}$,故所求函数的值域为 $\left[-\dfrac{\sqrt{2}}{4}, \dfrac{\sqrt{2}}{4}\right]$.

变式练习 2　求函数 $y = \sin^2 x + 2 \sin x \cos x + 3 \cos^2 x$ 的最小值,并写出使函数 y 取得最小值的 x 的集合.

解:$y = \sin^2 x + 2 \sin x \cos x + 3 \cos^2 x = \dfrac{1 - \cos 2x}{2} + \sin 2x + \dfrac{3(1 + \cos 2x)}{2} =$

$2 + \sin 2x + \cos 2x = 2 + \sqrt{2} \sin\left(2x + \dfrac{\pi}{4}\right)$,当 $\sin\left(2x + \dfrac{\pi}{4}\right) = -1$ 时,y 取得最小值

$2 - \sqrt{2}$,使 y 取得最小值的 x 的集合为 $\left\{x \mid x = k\pi - \dfrac{3}{8}\pi, k \in \mathbf{Z}\right\}$.

变式练习 3　已知正实数 a, b 满足 $9a^2 + b^2 = 1$,求 $\dfrac{ab}{3a + b}$ 的最大值.

解法一:利用不等式 $\dfrac{2}{\dfrac{1}{x} + \dfrac{1}{y}} \leqslant \sqrt{\dfrac{x^2 + y^2}{2}}$ 可得 $\dfrac{2ab}{3a + b} = \dfrac{2}{\dfrac{1}{\dfrac{b}{3}} + \dfrac{1}{a}} \leqslant \sqrt{\dfrac{a^2 + \dfrac{b^2}{9}}{2}} =$

$\dfrac{1}{3\sqrt{2}}$,则 $\dfrac{ab}{3a + b}$ 的最大值为 $\dfrac{\sqrt{2}}{12}$.

注:直接利用基本不等式解决问题.

解法二:由 $9a^2 + b^2 = 1$ 可得 $ab \leqslant \dfrac{1}{6}$,$\because 3a + b \geqslant 2\sqrt{3} \cdot \sqrt{ab}$,此两处取等号

时均为 $3a = b$,故 $\dfrac{ab}{3a + b} \leqslant \dfrac{ab}{2\sqrt{3} \cdot \sqrt{ab}} = \dfrac{\sqrt{ab}}{2\sqrt{3}} \leqslant \dfrac{1}{2\sqrt{3} \cdot \sqrt{6}} = \dfrac{\sqrt{2}}{12}$.

注:两次运用基本不等式,注意等号成立的条件.

第 11 节 导数法

设函数 $f(x)$ 在 $[a,b]$ 上连续,在 (a,b) 上可导,可以利用导数求得 $f(x)$ 在 (a,b) 内的极值,然后再计算 $f(x)$ 在 a,b 点的极限值,从而求得 $f(x)$ 的值域.

例 1 求函数 $y=x^5-5x^4+5x^3+5(x\in[-1,2])$ 的值域.

解: $y'=5x^4-20x^3+15x^2$,令 $y'=0$,即 $5x^4-20x^3+15x^2=0$,得 $x=0$ 或 $x=1$ 或 $x=3$,因为 $3\notin[-1,2]$,$\therefore$ 比较 $f(-1),f(0),f(1),f(2)$ 的大小即可,易知 $f(x)$ 的最大值是 3,最小值是 -9,故所求函数的值域为 $[-9,3]$.

例 2 已知函数 $f(x)=(x-m)^2e^x+n$ 在 $x=0$ 处的切线方程为 $x+y=1$,函数 $g(x)=x-k(\ln x-1)$.

(1) 求函数 $f(x)$ 的表达式;

(2) 求函数 $g(x)$ 的极值.

> **分析**
>
> (1) 先求得函数 $f(x)$ 的导数,利用切点坐标和函数在 $x=0$ 时切线的斜率,即导数列方程组,解方程组求得 m,n 的值,进而求得函数 $f(x)$ 的解析式.(2) 先求得 $g(x)$ 的定义域和导函数,对 k 分成 $k\leqslant0,k>0$ 两种情况,通过函数的单调性讨论函数 $g(x)$ 的极值.

解: (1) $f'(x)=[x^2+(2-2m)x+m^2-2m]e^x$,$\because f(x)$ 在 $x=0$ 处的切线方程为 $x+y=1$,$\therefore\begin{cases}f'(0)=m^2-2m=-1,\\f(0)=m^2+n=1,\end{cases}$ 解得 $\begin{cases}m=1,\\n=0,\end{cases}\therefore f(x)=(x-1)^2e^x$.

(2) $g(x)$ 的定义域为 $(0,+\infty)$,$g'(x)=\dfrac{x-k}{x}$.

① 若 $k\leqslant0$ 时,则 $g'(x)>0$ 在 $(0,+\infty)$ 上恒成立,$g(x)$ 在 $(0,+\infty)$ 上单调递增,无极值.

② 若 $k>0$ 时,则当 $0<x<k$ 时,$g'(x)<0$,$g(x)$ 在 $(0,k)$ 上单调递减;当 $x>k$ 时,$g'(x)>0$,$g(x)$ 在 $(k,+\infty)$ 上单调递增.

所以当 $x=k$ 时,$g(x)$ 有极小值 $2k-k\ln k$,无极大值.

例 3 已知函数 $f(x)=x-\dfrac{1}{x}$，$g(x)=\ln x$，令函数 $\varphi(x)=g(x)-|f(x)|$，求函数 $\varphi(x)$ 在区间 $[m,m+1](m>0)$ 上的最大值.

解：$\because f(x)=x-\dfrac{1}{x}$ 在 $(0,+\infty)$ 单调递增，且 $f(1)=0$. $\therefore \varphi(x)=g(x)-$

$$|f(x)|=\ln x-\left|x-\frac{1}{x}\right|=\begin{cases}\ln x+x-\dfrac{1}{x},0<x<1,\\[2mm]\ln x-x+\dfrac{1}{x},x\geq 1.\end{cases}$$

当 $0<x<1$ 时，$\varphi(x)=\ln x+x-\dfrac{1}{x}$，$\varphi'(x)=\dfrac{1}{x}+1+\dfrac{1}{x^2}>0$；

当 $x\geq 1$ 时，$\varphi(x)=\ln x-x+\dfrac{1}{x}$，$\varphi'(x)=\dfrac{1}{x}-1-\dfrac{1}{x^2}=\dfrac{-x^2+x-1}{x^2}<0$，所以 $\varphi(x)$ 在 $(0,1)$ 上单调递增，在 $(1,+\infty)$ 上单调递减，且 $\varphi(x)_{\max}=0$；

当 $0<m<1$ 时，$\varphi(x)_{\max}=0$；

当 $m\geq 1$ 时，$\varphi(x)_{\max}=\varphi(m)=\ln m-m+\dfrac{1}{m}$.

例 4 如图 $1-16$ 所示，$ABCD$ 是正方形空地，边长为 33 m，电源在点 P 处，点 P 到边 AD，AB 距离分别为 9 m，3 m. 某广告公司计划在此空地上竖一块长方形液晶广告屏幕 $MNEF$，$NE:MN=9:16$，线段 MN 必须过点 P，端点 N 在边 AB 上，端点 M 在正方形 $ABCD$ 的边上，设 $AN=x$ m，液晶广告屏幕 $MNEF$ 的面积为 S.

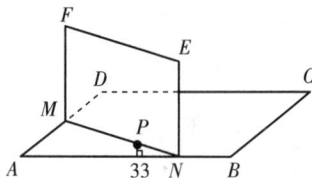

图 $1-16$ 例 4 示意图

（1）用 x 的表达式表示 AM；

（2）求 S 关于 x 的函数关系式；

（3）当 x 取何值时，液晶广告屏幕 $MNEF$ 的面积 S 最小？

分析

（1）由 $\triangle AMN$，$\triangle GPN$ 相似，对应边成比例即可表示 AM.

（2）由（1）得到的结论，根据勾股定理用 x 表示 MN，再由 $ME:MN=9:16$，可以用 x 表示 NE，即能表示面积 S，结合 x 为边长求定义域即可.

（3）根据（2）求出函数的导函数,利用函数的导数求函数在给定区间上的最小值即可.

解:（1）过点 P 作 AB 的垂线,垂足于 G,如图 $1-17$ 所示.

由题意可知,$\triangle AMN$,$\triangle GPN$ 相似,$\therefore$

$\dfrac{AM}{PG}=\dfrac{AN}{GN}\Rightarrow AM=\dfrac{AN}{GN}\cdot PG=\dfrac{3x}{x-9}$,$\therefore AM=$

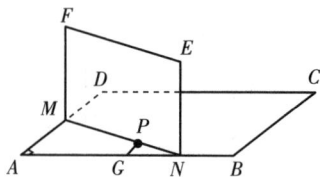

图 $1-17$　例 4 解析示意图

$\dfrac{3x}{x-9}(10\leqslant x\leqslant 33)$.

（2）$MN^2=AN^2+AM^2=x^2+\dfrac{9x^2}{(x-9)^2}$,$\because NE:MN=9:16$,$\therefore NE=$

$\dfrac{9}{16}MN$,$\because S=MN\cdot NE=\dfrac{9}{16}MN^2=\dfrac{9}{16}\left[x^2+\dfrac{9x^2}{(x-9)^2}\right]$,其定义域为 $[10,33]$.

（3）$S'=\dfrac{9}{16}\left[2x+\dfrac{18x(x-9)^2-9x^2(2x-18)}{(x-9)^4}\right]=\dfrac{9}{8}\times\dfrac{x\left[(x-9)^3-81\right]}{(x-9)^3}$,

令 $S'=0$,得 $x=0$（舍）,$x=9+3\sqrt[3]{3}$.

当 $10\leqslant x<9+3\sqrt[3]{3}$ 时,$S'=0$,S 关于 x 为减函数;

当 $9+3\sqrt[3]{3}<x<33$ 时,$S'>0$,S 关于 x 为增函数.

故当 $x=9+3\sqrt[3]{3}$ 时,S 取得最小值.

例 5　已知任意非零实数 x,y 满足 $3x^2+4xy\leqslant\lambda(x^2+y^2)$ 恒成立,求 λ 的最小值.

解法一: 依题可得 $3x^2+4xy\leqslant 3x^2+(x^2+4y^2)=4(x^2+y^2)$,$\because x,y$ 均不为 0,$\therefore\dfrac{3x^2+4xy}{x^2+y^2}\leqslant 4$,$\therefore\lambda\geqslant 4$.

注: 关注各项系数,直接利用基本不等式放缩,构思巧妙.

解法二: $\because x,y$ 均不为 0,$\therefore\lambda\geqslant\dfrac{3x^2+4xy}{x^2+y^2}=\dfrac{3+4\dfrac{y}{x}}{1+\left(\dfrac{y}{x}\right)^2}$. 令 $t=\dfrac{y}{x}$,则 $\lambda\geqslant$

$\dfrac{3+4t}{1+t^2}$，记 $f(t)=\dfrac{3+4t}{1+t^2}$，由导数法可知，$f(t)\in[-1,4]$，$\therefore\lambda\geqslant4$.

注：利用消元思想，转化为函数最值，用导数法解决是通解通法.

解法三：$\because 3x^2+4xy\leqslant\lambda(x^2+y^2)$，$\therefore(\lambda-3)x^2-4xy+\lambda y^2\geqslant0$.

当 $\lambda=3$ 时，则 $3y^2-4xy\geqslant0$ 显然不成立；当 $\lambda\neq3$ 时，同除 y^2 得 $(\lambda-3)\left(\dfrac{x^2}{y}-\right.$

$4\dfrac{x}{y}+\lambda\geqslant0$，故 $\begin{cases}\lambda-3>0,\\16-4\lambda(\lambda-3)\leqslant0,\end{cases}$ 解得 $\lambda\geqslant4$.

注：利用消元思想，转化为不等式恒成立问题，通过判别式法解决，但此法局限于二次问题.

例 6　已知函数 $y=\sqrt{1-x}+\sqrt{x+3}$ 的最大值为 M，最小值为 m，求 $\dfrac{m}{M}$ 的值.

解法一：将 $y=\sqrt{1-x}+\sqrt{x+3}$ 的两边平方得 $y^2=1-x+x+3+2\sqrt{(1-x)(x+3)}=4+2\sqrt{-x^2-2x+3}$，由二次函数的性质及 $x\in[-3,1]$ 可得当 $x=-1$ 时，y 取最大值，最大值为 8；当 $x=-3$ 或 1 时，y^2 取最小值，最小值为 4. 从而可得 $m=2$，$M=2\sqrt{2}$，$\dfrac{m}{M}=\dfrac{\sqrt{2}}{2}$.

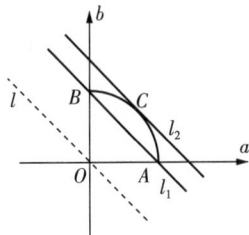

注：此解法充分注意到 y 的非负性及式子的特征，平方后转化为二次函数的最值问题，容易理解，便于学生接受，但其有明显的局限性，当式中两项平方和不是定值时则不可应用.

解法二：设 $\sqrt{1-x}=a$，$\sqrt{x+3}=b$，则 $a^2+b^2=4$，且 $a,b\geqslant0$，原问题转化为在条件 $\begin{cases}a^2+b^2=4\\a\geqslant0,b\geqslant0\end{cases}$ 下，求 $y=a+b$ 的最值.

如图 1-18 所示，作出 $a+b=0$，平移直线，可知当直线过点 A 或 B 时，y 取最小值，最小值为 2；当直线与圆弧相切时，y 取最大值，最大值为 $2\sqrt{2}$. 所以 $m=2$，$M=2\sqrt{2}$，$\dfrac{m}{M}=\dfrac{\sqrt{2}}{2}$.

图 1-18　例 6 解法二示意图

注:本解法利用数形结合的思想将最值问题转化为规划问题,但其中要特别注意可行域为圆弧的一部分而不是整个圆.

解法三:∵ $(\sqrt{1-x})^2+(\sqrt{x+3})^2=4$,∴可设 $\sqrt{1-x}=2\cos\theta$,$\sqrt{x+3}=2\sin\theta$,$\theta\in\left[0,\dfrac{\pi}{2}\right]$,从而 $y=2\cos\theta+2\sin\theta=2\sqrt{2}\sin\left(\theta+\dfrac{\pi}{4}\right)$,∵$\theta\in\left[0,\dfrac{\pi}{2}\right]$,$\theta+\dfrac{\pi}{4}\in\left[\dfrac{\pi}{4},\dfrac{3\pi}{4}\right]$,于是 $2\leqslant y\leqslant 2\sqrt{2}$,于是 $m=2$,$M=2\sqrt{2}$,$\dfrac{m}{M}=\dfrac{\sqrt{2}}{2}$.

注:利用三角换元法处理最值问题,在换元后就是简单的三角变换的问题,解法清晰流畅,易于推广.

本节方法总结

利用导数研究函数的单调性和极值,利用函数图象上某点的切线方程求函数解析式,利用导数研究函数的零点问题,涉及分类讨论思想、化归与转化的思想,综合性很强,要求思维严密和灵活. 在解决应用问题时,关键是建立数学模型.

变式练习

变式练习1 已知函数 $f(x)=x-\ln x$,求函数 $f(x)$ 的极值.

解:$f(x)$ 的定义域为 $(0,+\infty)$,当 $f'(x)=1-\dfrac{1}{x}=\dfrac{x-1}{x}$,$0<x<1$ 时,$f'(x)<0$;当 $x>1$ 时,$f'(x)>0$.∴$f(x)$ 在 $(0,1]$ 上是减函数,在 $[1,+\infty)$ 上是增函数,∴$f(x)$ 的极小值为 $f(1)=1$,没有极大值.

变式练习2 已知函数 $f(x)=ax(x-1)-\ln x(a\in\mathbf{R})$,设 $g(x)=(x-1)(ax-1)-f(x)$,求函数 $g(x)$ 的极值.

解:$g(x)=(x-1)(ax-1)-ax(x-1)+\ln x=\ln x-(x-1)$,则 $g'(x)=\dfrac{1}{x}-1$. 令 $g'(x)=0$,$g'(x)=\dfrac{1}{x}-1=0$,$x>0$ 得 $x=1$.

所以当 x 变化时,$g(x)$ 的变化情况见表 $1-1$ 所列.

表 1-1　$g(x)$ 的变化情况

x	$(0,1)$	1	$(1,+\infty)$
$g'(x)$	+	0	−
$g(x)$	↗	极大值	↘

因此 $g(x)$ 有极大值 $g(1)=0$,无极小值.

变式练习 3　求函数 $y=\dfrac{\sqrt{1-x^2}}{2+x}$ 的值域.

解法一:y 的定义域为 $[-1,1]$,设 $\sqrt{1-x^2}=\sin\theta,\theta\in[0,\pi]$,则 $x=\cos\theta$,则

$$y=\frac{\sin\theta}{2+\cos\theta}.$$

当 $\theta=\pi$ 时,$y=0$;

当 $\theta\in[0,\pi)$ 时,$y=\dfrac{\sin\theta}{2+\cos\theta}=\dfrac{2\sin\dfrac{\theta}{2}\cos\dfrac{\theta}{2}}{2\left(\sin^2\dfrac{\theta}{2}+\cos^2\dfrac{\theta}{2}\right)+\cos^2\dfrac{\theta}{2}-\sin^2\dfrac{\theta}{2}}=$

$2\dfrac{\tan\dfrac{\theta}{2}}{\tan^2\dfrac{\theta}{2}+3}$;

当 $\dfrac{\theta}{2}=\pi$ 时,$y=0$.

令 $t=\tan\dfrac{\theta}{2},\dfrac{\theta}{2}\in\left(0,\dfrac{\pi}{2}\right),t>0,y=\dfrac{2t}{t^2+3}=\dfrac{2}{t+\dfrac{3}{t}}\in\left[0,\dfrac{\sqrt{3}}{3}\right]$.

综上可得,所求函数的值域为 $\left[0,\dfrac{\sqrt{3}}{3}\right]$.

解法二:y 的定义域为 $[-1,1]$,设 $\sqrt{1-x^2}=\sin\theta,\theta\in[0,\pi]$,则 $x=\cos\theta$,则

$y=\dfrac{\sin\theta}{2+\cos\theta},2y+y\cos\theta=\sin\theta,\sin\theta-y\cos\theta=2y,\sin(\theta-\varphi)=\dfrac{2y}{\sqrt{1+y^2}}$,其中

$\sin\varphi=\dfrac{y}{\sqrt{1+y^2}},\cos\varphi=\dfrac{1}{\sqrt{1+y^2}},\varphi\in\left(0,\dfrac{\pi}{2}\right)$. 又有 $y\geqslant0$,则 $0\leqslant\dfrac{2y}{\sqrt{1+y^2}}\leqslant1$,

$0 \leqslant y \leqslant \dfrac{\sqrt{3}}{3}$，故所求函数的值域为 $\left[0, \dfrac{\sqrt{3}}{3}\right]$.

解法三：y 的定义域为 $[-1,1]$，设 $\sqrt{1-x^2} = \sin\theta, \theta \in [0,\pi]$，则 $x = \cos\theta$，$y = \dfrac{\sin\theta}{2 + \cos\theta}$，可看作是点 $A(\cos\theta, \sin\theta)$，$B(-2,0)$ 连线的斜率，如图 1-19 所示，其中 A 在圆弧 $x^2 + y^2 = 1, y \geqslant 0$ 上，由数形结合可得所求函数的值域为 $\left[0, \dfrac{\sqrt{3}}{3}\right]$.

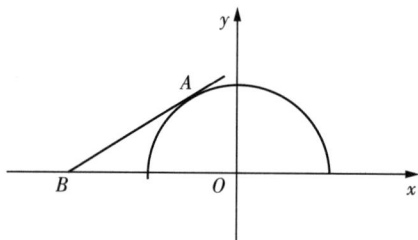

图 1-19　变式练习 3 解法三示意图

解法四：y 的定义域为 $[-1,1]$，设 $\sqrt{1-x^2} = \sin\theta, \theta \in [0,\pi]$，则 $x = \cos\theta$，$y = \dfrac{\sin\theta}{2 + \cos\theta}, y' = \dfrac{\cos\theta(2+\cos\theta) - \sin\theta(-\sin\theta)}{(2+\cos\theta)^2} = \dfrac{2\cos\theta + 1}{(2+\cos\theta)^2} = 0, \cos\theta = -\dfrac{1}{2}$，$\theta \in [0,\pi]$，所以 $\theta = \dfrac{5\pi}{6}, y$ 在 $\left[0, \dfrac{5\pi}{6}\right]$ 上单调递增，在 $\left[\dfrac{5\pi}{6}, \pi\right]$ 上单调递减. 故所求函数的值域为 $\left[0, \dfrac{\sqrt{3}}{3}\right]$.

解法五：$y' = \dfrac{-2x-1}{(2+x)^2 \sqrt{1-x^2}} = 0, x = -\dfrac{1}{2}, y$ 在 $\left[-1, -\dfrac{1}{2}\right]$ 上单调递增，在 $\left[-\dfrac{1}{2}, 1\right]$ 上单调递减，故所求函数的值域为 $\left[0, \dfrac{\sqrt{3}}{3}\right]$.

解法六：y 的定义域为 $[-1,1]$，关于 x 的方程 $(y^2+1)x^2 + 4y^2 x + 4y^2 - 1 = 0, x \in [-1,1]$ 有解，令 $f(x) = (y^2+1)x^2 + 4y^2 x + 4y^2 - 1 = 0, x \in [-1,1]$.

① 当 $x = 1$ 时，$y = 0$；

② 当 $x = -1$ 时，$y = 0$；

③ $\begin{cases} f(1)=9\,y^2>0 \\ f(-1)=y^2>0 \\ -1\leqslant-\dfrac{4\,y^2}{2(y^2+1)}\leqslant1 \\ \Delta=16\,y^2-4(y^2+1)(4\,y^2-1)\geqslant0 \end{cases} \Rightarrow 0<y^2\leqslant\dfrac{1}{3}.$

$\because y>0,\therefore$ 所求函数的值域为 $\left[0,\dfrac{\sqrt{3}}{3}\right].$

解法七：令 $t=x+2,x\in[-1,1]$，则 $t\in[1,3]$，$y^2=\dfrac{-t^2+4t-3}{t^2}=-1+$

$\dfrac{4}{t}-\dfrac{3}{t^2},\dfrac{1}{t}\in\left[\dfrac{1}{3},1\right],\therefore y^2\in\left[0,\dfrac{1}{3}\right]$，又 $\because y>0,\therefore$ 所求函数的值域为 $\left[0,\dfrac{\sqrt{3}}{3}\right].$

本章小结

本章介绍了求最值（值域）的十一种方法，既有通法（"通法"是指解题的一般方法、通用方法），也有特法（"特法"是指解题的特殊方法）．解题时，应以通法为主，因为通法运用面较广，能使问题的解答一般化，能使学生深刻认识一类问题的解答方法．由于数学的特殊性，不少问题的解法往往很奇妙，步骤很简单，具有鲜明的个性特征，能激发读者的兴趣，调动其学习的积极性．因此，数学解题指导也要重视特法的介绍和训练，这样才能使学生灵活地、简捷地解决有关问题．总之，在具体求某个函数的最值（值域）时，首先要仔细、认真地观察其题型特征，然后再选择恰当的方法．

第二章 应用篇

第 1 节 函数与导数中的最值问题

例 1 已知函数 $f(x)$ 为奇函数,在区间 $[2,5]$ 上是增函数,且在此区间上的最大值为 7,最小值为 -2,则 $2f(-2)+f(-5)=($ $)$.

A. -3 B. -13 C. -5 D. 5

解: $\because$ 函数 $f(x)$ 在区间 $[2,5]$ 上是增函数,且在此区间上的最大值为 7,最小值为 -2,$\therefore f(5)=7,f(2)=-2$,又 $\because$ 函数 $f(x)$ 为奇函数,$\therefore f(-2)=-f(2)=2,f(-5)=-f(5)=-7$,从而得到 $2f(-2)+f(-5)=2\times2-7=-3$,故答案选 A.

例 2 设点 M 在曲线 $y=\dfrac{1}{2}\mathrm{e}^x$ 上,点 N 在曲线 $y=\ln(2x)$ 上,则 $|MN|$ 最小值为 $(\quad)$.

A. $1-\ln2$ B. $\sqrt{2}(1-\ln2)$ C. $1+\ln2$ D. $\sqrt{2}(1+\ln2)$

解: 由题意知,函数 $y=\dfrac{1}{2}\mathrm{e}^x$ 与 $y=\ln(2x)$ 互为反函数,其图象关于直线 $y=x$ 对称,两曲线上点之间的最小距离就是 $y=x$ 与 $y=\dfrac{1}{2}\mathrm{e}^x$ 上点的最小距离的 2 倍.设 $y=\dfrac{1}{2}\mathrm{e}^x$ 上点 (x_0,y_0) 处的切线与直线 $y=x$ 平行,则 $\dfrac{1}{2}\mathrm{e}^{x_0}=1,\therefore x_0=\ln2$,$y_0=1,\therefore$ 点 (x_0,y_0) 到 $y=x$ 的距离为 $\dfrac{|\ln2-1|}{\sqrt{2}}=\dfrac{\sqrt{2}}{2}(1-\ln2)$,则 $|MN|$ 的最

小值为$\dfrac{\sqrt{2}}{2}(1-\ln2)\times2=\sqrt{2}(1-\ln2)$,故答案选 B.

例3　若函数 $y=g(x)$ 的值域是 $\left[\dfrac{1}{2},3\right]$,则函数 $G(x)=g(x)+\dfrac{1}{g(x)}$ 的值域是(　　).

A. $\left[\dfrac{1}{2},3\right]$　　　　　　　　　　B. $\left[2,\dfrac{10}{3}\right]$

C. $\left[\dfrac{5}{2},\dfrac{10}{3}\right]$　　　　　　　　　　D. $\left[3,\dfrac{10}{3}\right]$

解:设 $g(x)=t$,则 $t\in\left[\dfrac{1}{2},3\right]$,从而 $G(x)$ 的

值域就是函数 $y=t+\dfrac{1}{t},t\in\left[\dfrac{1}{2},3\right]$ 的值域,由

"勾函数"的图象(见图2-1)可知,$2\leqslant G(x)\leqslant$

$\dfrac{10}{3}$,故答案选 B.

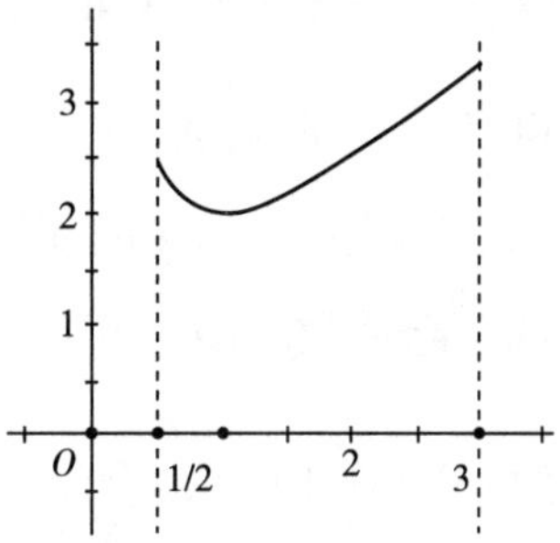

图 2-1　"勾函数"的图象

例4　设 a,b 为实数,若 $4a^2+b^2+ab=1$,则 $2a+b$ 的最大值是_____.

解:$\because 4a^2+b^2+ab=1,\therefore (2a+b)^2-3ab=1$,令 $t=2a+b$,则 $b=t-2a$,$\therefore t^2-3(t-2a)a=1$,即 $6a^2-3at+t^2-1=0,\therefore \Delta=9t^2-24(t^2-1)=-15t^2+24\geqslant0$,解得 $-\dfrac{2\sqrt{10}}{5}\leqslant t\leqslant\dfrac{2\sqrt{10}}{5},\therefore 2a+b$ 的最大值是 $\dfrac{2\sqrt{10}}{5}$.

例5　已知函数 $f(x)=x^3-2mx^2-nx$ 在 $x=1$ 处切线的斜率为1,若 $mn>0$,则 $\dfrac{1}{m}+\dfrac{1}{n}$ 的取值范围(　　)

A. $\left[\dfrac{9}{2},+\infty\right)$　　　B. $\left(-\infty,\dfrac{9}{2}\right]$　　　C. $\left[\dfrac{1}{2},+\infty\right)$　　　D. $\left(-\infty,-\dfrac{1}{2}\right]$

解:$\because f(x)=x^3-2mx^2-nx,\therefore f'(x)=3x^2-4mx-n,\therefore f'(1)=3-4m-n=1\Rightarrow4m+n=2,\therefore \dfrac{1}{m}+\dfrac{1}{n}=\dfrac{1}{2}\left(\dfrac{1}{m}+\dfrac{1}{n}\right)(4m+n)=\dfrac{1}{2}\left(4+1+\dfrac{n}{m}+\dfrac{4m}{n}\right)\geqslant\dfrac{9}{2}$,

当且仅当 $\begin{cases}2m=n\\4m+n=2\end{cases}$ 时取等号,即 $\begin{cases}m=\dfrac{1}{3},\\n=\dfrac{2}{3},\end{cases}\therefore \dfrac{1}{m}+\dfrac{1}{n}$ 的取值范围是 $\left[\dfrac{9}{2},+\infty\right)$.

例 6 已知 $0 < x < 1, 0 < y < 1$，则二元函数 $f(x,y) = \sqrt{x^2+y^2} + \sqrt{x^2+(1+y^2)} + \sqrt{(1-x)^2+y^2} + \sqrt{(1-x)^2+(1-y)^2}$ 的最小值为_____.

解：根据均值不等式 $a^2+b^2 \geqslant 2ab \Rightarrow 2(a^2+b^2) \geqslant (a+b)^2 \Rightarrow \sqrt{\dfrac{a^2+b^2}{2}} \geqslant \dfrac{a+b}{2}$，∴ 有 $f(x,y) = \sqrt{x^2+y^2} + \sqrt{x^2+(1-y)^2} + \sqrt{(1-x)^2+y^2} + \sqrt{(1-x)^2+(1-y)^2} \geqslant \dfrac{x+y}{\sqrt{2}} + \dfrac{x+1-y}{\sqrt{2}} + \dfrac{1-x+y}{\sqrt{2}} + \dfrac{1-x+1-y}{\sqrt{2}} = 2\sqrt{2}$，

当且仅当 $x = y = \dfrac{1}{2}$ 时取等号.

例 7 已知函数 $g(x) = \log_b(x+3) + \log_b(1-x)\ (0 < b < 1)$.

(1) 求函数 $g(x)$ 的定义域；

(2) 若函数 $g(x)$ 的最小值为 -4，求实数 b 的值.

解：(1) 要使函数有意义，则有 $\begin{cases} 1-x > 0, \\ x+3 > 0, \end{cases}$ 解得 $-3 < x < 1$，故所求函数的定义域为 $\{x \mid -3 < x < 1\}$.

(2) 函数可化为 $g(x) = \log_b(x+3) + \log_b(1-x) = \log_b(-x^2-2x+3) = \log_b[-(x+1)^2+4]$. ∵ $-3 < x < 1$，∴ $0 < -(x+1)^2+4 \leqslant 4$. 又 ∵ $0 < b < 1$，∴ $\log_b[-(x+1)^2+4] \geqslant \log_b 4$，即函数的最小值为 $\log_b 4$，又由 $\log_b 4 = -4$ 得 $b^{-4} = 4$，∴ $b = 4^{-\frac{1}{4}} = \dfrac{\sqrt{2}}{2}$，即实数 b 的值为 $\dfrac{\sqrt{2}}{2}$.

例 8 已知函数 $f(x) = \dfrac{1+bx^2}{x+a}\ (b \neq 0)$ 是奇函数，并且函数的图象经过点 $(1,3)$.

(1) 求实数 a, b 的值；

(2) F 为函数 $y = f(x)$ 图象上的任一点，作 $FP \perp x$ 轴于 P 点，$FQ \perp y$ 轴于 Q 点（O 为坐标原点），求矩形 $OPFQ$ 的周长的最小值.

解：(1) ∵ 函数 $f(x) = \dfrac{1+bx^2}{x+a}\ (b \neq 0)$ 是奇函数，并且函数的图象经过点 $(1,3)$，∴ $\begin{cases} f(-1)+f(1)=0, \\ f(1)=3, \end{cases}$ 解得 $a=0, b=2$.

(2) 由 (1) 可得，$f(x) = 2x + \dfrac{1}{x}$，设 $F(x_0, y_0)$，由题意可得，$OPFQ$ 的周长为

$2(|x_0| + |y_0|) = 2\{|x_0| + |2x_0 + \dfrac{1}{x_0}|\} = 2(3|x_0| + |\dfrac{1}{x_0}|) \geqslant 4\sqrt{3}$，当且仅当

$3|x_0| = \dfrac{1}{|x_0|}$ 时取等号，故矩形 $OPFQ$ 的周长的最小值为 $4\sqrt{3}$.

例 9 若 $-3 \leqslant \log_{\frac{1}{2}} x \leqslant -\dfrac{1}{2}$，求 $f(x) = \left(\log_2 \dfrac{x}{2}\right) \cdot \left(\log_2 \dfrac{x}{4}\right)$ 的最大值和最

小值.

解： 函数 $f(x) = (\log_2 x - 1)(\log_2 x - 2) = (\log_2 x)^2 - 3\log_2 x + 2 = \left(\log_2 x - \dfrac{3}{2}\right)^2 - \dfrac{1}{4}$，又 $\because -3 \leqslant \log_{\frac{1}{2}} x \leqslant -\dfrac{1}{2}$，$\therefore \dfrac{1}{2} \leqslant \log_2 x \leqslant 3$. $\therefore$ 当 $\log_2 x = 3$，

即 $x = 8$ 时，$f(x)_{\max} = f(8) = 2$；当 $\log_2 x = \dfrac{3}{2}$，即 $x = 2\sqrt{2}$ 时，$f(x)_{\min} =$

$f(2\sqrt{2}) = -\dfrac{1}{4}$. $\therefore f(x)$ 的最大值为 2，最小值为 $-\dfrac{1}{4}$.

例 10 已知函数 $f(x)$，对于任意的 $x, y \in R$，都有 $f(x) + f(y) = f(x + y)$，

$f(1) = -\dfrac{1}{2}$，且当 $x > 0$ 时，$f(x) < 0$.

(1) 求 $f(0)$，$f(3)$ 的值；

(2) 当 $-8 \leqslant x \leqslant 10$ 时，求函数 $f(x)$ 的最小值和最大值.

解： (1) 令 $x = y = 0$ 得 $f(0) = f(0) + f(0)$，得 $f(0) = 0$.

令 $x = y = 1$ 得 $f(2) = 2f(1) = -1$.

令 $x = 2, y = 1$ 得 $f(3) = f(2) + f(1) = -\dfrac{3}{2}$.

(2) 任取 $x_1, x_2 \in \mathbf{R}$，且 $x_1 < x_2$，则 $x_2 - x_1 > 0$，$\because f(x + y) - f(x) = f(y)$，

即 $f(x + y) - f(x) = f[(x + y) - x] = f(y)$，令 $x_2 = x + y, x_1 = x$，则 $f(x_2) - f(x_1) = f(x_2 - x_1)$. 由已知 $x > 0$ 时，$f(x) < 0$ 且 $x_2 - x_1 > 0$，则 $f(x_2 - x_1) < 0$，$\therefore f(x_2) - f(x_1) < 0$，$f(x_2) < f(x_1)$，$\therefore$ 函数 $f(x)$ 在 $\mathbf{R}$ 上是减函数，故 $f(x)$ 在 $[-8, 10]$ 上单调递减. $\therefore f(x)_{\max} = f(-8)$，$f(x)_{\min} = f(10)$，又 $\because f(10) = 2f(5) = 2[f(2) + f(3)] = 2\left(-1 - \dfrac{3}{2}\right) = -5$，由 $f(0) = f(1 - 1) = f(1) +$

$f(-1)=0$ 得 $f(-1)=\dfrac{1}{2}$，$f(-8)=2f(-4)=4f(-2)=8f(-1)=8\times\dfrac{1}{2}=4$，

$\therefore f(x)_{\max}=4$，$f(x)_{\min}=-5$.

例 11 已知奇函数 $g(x)$ 在 $x\geqslant 0$ 时的图象是图 2-2 所示的抛物线的一部分.

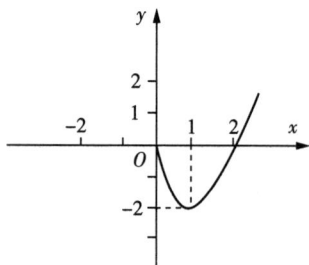

(1) 补全函数 $g(x)$ 的图象并写出函数 $g(x)$ 的表达式；

(2) 写出函数 $g(x)$ 的单调区间；

(3) 若函数 $f(x)=g(x)-4mx+2,x\in[1,2]$，求函数 $f(x)$ 的最小值.

图 2-2　例 11 示意图

解：(1) 根据奇函数的图象关于原点对称，故函数 $g(x)$ 的图象如图 2-3 所示.

当 $x\geqslant 0$ 时，设解析式是 $y=a(x-1)^2-2$，代入 $(2,0)$ 得 $a=2$，即 $y=2(x-1)^2-2=2x^2-4x$.

同理求得当 $x<0$ 时，解析式为 $y=-2x^2-4x$.

故 $g(x)$ 的表达式为 $g(x)=\begin{cases}2x^2-4x,x\geqslant 0,\\-2x^2-4x,x<0.\end{cases}$

(2) 由图 2-3 可得函数 $g(x)$ 的单调递增区间为 $(-\infty,-1]$，$[1,+\infty)$，单调递减区间为 $[-1,1]$.

(3) $f(x)=g(x)-4mx+2=2x^2-4(1+m)x+2$，对称轴为 $x=1+m,x\in[1,2]$.

当 $1+m\leqslant 1$，$m\leqslant 0$ 时，$f(x)_{\min}=-4m$；

当 $1<1+m<2$，$0<m<1$ 时，$f(x)_{\min}=-2m^2-4m$；

图 2-3　例 11 解析示意图

当 $1+m\geqslant 2$，$m\geqslant 1$ 时，$f(x)_{\min}=-8m+2$.

综上可得，$f(x)_{\min}=\begin{cases}-4m,m\leqslant 0,\\-2m^2-4m.0<m<1,\\-8m+2,m\geqslant 1.\end{cases}$

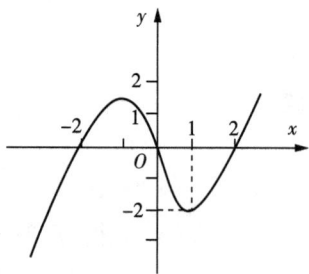

注：本题考查了函数的奇偶性和单调性，由奇函数得到函数关于原点对称即可补全图象. 在求最值时要进行分类讨论，需要掌握解题方法.

例 1 已知函数 $f(x) = (\ln x + \ln m) x^2 (m > 0)$.

(1) 当 $m = 1$ 时，设函数 $g(x) = \dfrac{f(x)}{x}$，求函数 $g(x)$ 的单调区间和极值；

(2) 设 $f'(x)$ 是 $f(x)$ 的导函数，若 $\dfrac{f(x)}{x^2} \leqslant 1$ 对任意的 $x > 0$ 恒成立，求 m 的取值范围；

(3) 设函数 $h(x) = \dfrac{\ln x}{n} - x$，当 $b > 1$ 时，求 $h(x)$ 在区间 $\left[\dfrac{1}{b}, b\right]$ 上的最大值和最小值.

解：(1) 当 $m = 1$ 时，$g(x) = \dfrac{f(x)}{x} = x \ln x$，可得 $g'(x) = 1 + \ln x$，令 $g'(x) = 0$，可得 $x = \dfrac{1}{e}$.

当 $x \in \left(0, \dfrac{1}{e}\right)$ 时，$g'(x) < 0$，$g(x)$ 单调递减；

当 $x \in \left(\dfrac{1}{e}, +\infty\right)$ 时，$g'(x) > 0$，$g(x)$ 单调递增.

综上可得，当 $x = \dfrac{1}{e}$，取得极小值 $-\dfrac{1}{e}$.

(2) $f'(x) = 2x(\ln x + \ln m) + x$，$\dfrac{f'(x)}{x^2} = \dfrac{2x(\ln x + \ln m) + x}{x^2} \leqslant 1$，即 $2\ln x + 2\ln m + 1 \leqslant x$，$2\ln m \leqslant x - 2\ln x - 1$ 在 $x > 0$ 恒成立，设 $m(x) = x - 2\ln x - 1$，可得 $m'(x) = \dfrac{x - 2}{x}$，令 $m'(x) = 0$，可得 $x = 2$.

当 $0 < x < 2$ 时，$m'(x) < 0$，函数单调递减；

当 $x > 2$，$m'(x) > 0$，函数单调递增；

当 $x = 2$ 时，$m(x)$ 有最小值，可得 $m(2) = 1 - 2\ln 2$，$\therefore 2\ln m \leqslant 1 - 2\ln 2$，$0 < m \leqslant \dfrac{\sqrt{e}}{2}$.

(3) 由 $h(x) = \dfrac{\ln x}{x} - x$,可得 $h'(x) = \dfrac{1-x^2-\ln x}{x^2}$.

当 $0 < x < 1$ 时,可得 $1-x^2 > 0$,$-\ln x > 0$,所以 $'(x) > 0$,$h(x)$ 单调递增;

当 $x > 1$ 时,可得 $1-x^2 < 0$,$-\ln x < 0$,所以 $h'(x) < 0$,$h(x)$ 单调递减.

故 $h(x)$ 在 $(0,1)$ 单调递增,在 $(1,+\infty)$ 单调递减.

又 $\because 0 < \dfrac{1}{b} < 1 < b$,$\therefore h(x)$ 的最大值为 $h(1) = -1$.

设 $F(b) = h(b) - h\left(\dfrac{1}{b}\right) = \left(b + \dfrac{1}{b}\right)\ln b - b + \dfrac{1}{b}$,其中 $b > 1$,可得 $F'(b) = \left(1 - \dfrac{1}{b^2}\right)\ln b > 0$,故 $F(b)$ 在 $(1,+\infty)$ 单调递增,可得 $F(b) > F(1) = 0$,即 $h(b) > h\left(\dfrac{1}{b}\right)$,故可得 $h(x)$ 的最小值为 $h\left(\dfrac{1}{b}\right) = -b\ln b - \dfrac{1}{b}$.

▷ 变式练习

变式练习1 在平面直角坐标系 xOy 中,过坐标原点的一条直线与函数 $g(x) = \dfrac{2}{x}$ 的图象交于 M,N 两点,则线段 MN 长的最小值是_____.

解:考察函数与方程、两点间距离公式以及基本不等式,设交点为 $\left(x, \dfrac{2}{x}\right)$,$\left(-x, -\dfrac{2}{x}\right)$,则 $MN = \sqrt{(2x)^2 + \left(\dfrac{4}{x}\right)^2} \geqslant 4$,线段 MN 长的最小值是 4.

变式练习2 若实数 x,y 满足 $x^2 + y^2 + xy = 1$,则 $x + y$ 的最大值是_____.

解:$x^2 + y^2 + xy = 1 \Rightarrow (x+y)^2 - xy = 1 \Rightarrow (x+y)^2 - \left(\dfrac{x+y}{2}\right)^2 \leqslant 1 \Rightarrow x+y \leqslant \dfrac{2\sqrt{3}}{3}$,$\therefore x+y$ 的最大值为 $\dfrac{2\sqrt{3}}{3}$.

变式练习3 函数 $y = \dfrac{x^2 + 3x + 3}{x+1}$ $(x > -1)$ 的最小值为( )

A. 0　　　　B. 2　　　　C. 3　　　　D. -1

解:$x > -1$,则 $x+1 > 0$,$y = \dfrac{x^2+3x+3}{x+1} = \dfrac{(x+1)^2 + (x+1) + 1}{x+1} = x+1+$

$\dfrac{1}{x+1}+1\geqslant 3$,当 $x=0$ 时取等号,故答案选 C.

变式练习 4　已知 $\log_2 x\geqslant\dfrac{1}{2}$ 且 $2^x\leqslant 256$.

(1) 求 x 的取值范围;

(2) 在(1)的 x 的取值范围条件下,求函数 $f(x)=(\log_2\sqrt{x})(\log_{\sqrt{2}}2x)$ 的最小值和最大值.

解:(1) 由 $\log_2 x\geqslant\dfrac{1}{2}$ 得 $x\geqslant\sqrt{2}$,由 $2^x\leqslant 256$ 得 $x\leqslant 8$,∴ $\sqrt{2}\leqslant x\leqslant 8$.

由(1) $\sqrt{2}\leqslant x\leqslant 8$ 得 $\dfrac{1}{2}\leqslant\log_2 x\leqslant 3$,$f(x)=(\log_2\sqrt{x})(\log_{\sqrt{2}}2x)=$

$\left(\dfrac{1}{2}\log_2 x\right)\times 2(1+\log_2 x)=\log_2 x(1+\log_2 x)$,∴$f(x)=\log_2 x(1+\log_2 x)=$

$\left(\log_2 x+\dfrac{1}{2}\right)^2-\dfrac{1}{4}$.

当 $\log_2 x=\dfrac{1}{2}$ 时,$f(x)_{\min}=\dfrac{3}{4}$;

当 $\log_2 x=3$ 时,$f(x)_{\max}=12$

变式练习 5　设 $g(x)=\cos^2 x+a\sin x-\dfrac{a}{4}-\dfrac{1}{2}\left(0\leqslant x\leqslant\dfrac{\pi}{2}\right)$.

(1) 用 a 表示 $g(x)$ 的最大值 $F(a)$;

(2) 当 $F(a)=2$ 时,求 a 的值.

解:(1)$g(x)=\cos^2 x+a\sin x-\dfrac{a}{4}-\dfrac{1}{2}=-\left(\sin x-\dfrac{a}{2}\right)^2+\dfrac{a^2}{4}-\dfrac{a}{4}+\dfrac{1}{2}$,∵$0\leqslant$

$x\leqslant\dfrac{\pi}{2}$,∴$0\leqslant\sin x\leqslant 1$.

① 当 $0\leqslant\dfrac{a}{2}\leqslant 1$,即 $0\leqslant a\leqslant 2$ 时,$F(a)=\dfrac{a^2}{4}-\dfrac{a}{4}+\dfrac{1}{2}$;

② 当 $\dfrac{a}{2}>1$,即 $a>2$ 时,$F(a)=\dfrac{3}{4}a-\dfrac{1}{2}$;

③ 当 $\dfrac{a}{2}<0$,即 $a<0$ 时,$F(a)=-\dfrac{a}{4}+\dfrac{1}{2}$.

$$\therefore F(a) = \begin{cases} \dfrac{a^2}{4} - \dfrac{a}{4} + \dfrac{1}{2}, 0 \leqslant a \leqslant 2, \\ \dfrac{3}{4}a - \dfrac{1}{2}, a > 0, \\ -\dfrac{a}{4} + \dfrac{1}{2}, a < 0. \end{cases}$$

(2) 当 $F(a) = \dfrac{a^2}{4} - \dfrac{a}{4} + \dfrac{1}{2} = 2$ 时, $a = 3$（舍）或 $a = -2$（舍）;

当 $F(a) = \dfrac{3}{4}a - \dfrac{1}{2} = 2$ 时, $a = \dfrac{10}{3}$;

当 $F(a) = -\dfrac{a}{4} + \dfrac{1}{2} = 2$ 时, $a = -6$.

综上可得, $a = \dfrac{10}{3}$ 或 $a = -6$.

变式练习6 设函数 $f(x) = \sqrt{1+x} + \sqrt{1-x} + \sqrt{1-x^2}$.

(1) 设 $a = \sqrt{1+x} + \sqrt{1-x}$, 求 a 的取值范围;

(2) 求 $f(x)$ 的最大值.

解:(1) 由 $a = \sqrt{1+x} + \sqrt{1-x}$, $-1 \leqslant x \leqslant 1$ 得 $a^2 = 2 + 2\sqrt{1-x^2}$, 由 $0 \leqslant 1 - x^2 \leqslant 1$ 得 $a^2 \in [2, 4]$, 由 $a \geqslant 0$ 得 a 的取值范围是 $[0, 2]$.

(2) 由(1) 可得 $f(a) = a + \dfrac{a^2 - 2}{2} = \dfrac{1}{2}(a+1)^2 - \dfrac{3}{2}$, $\because [-2, 2]$ 在对称轴 $a = -1$ 的右边, 为增区间, $\therefore$ 有 $a = 2$, 即 $x = 0$, $g(a)$ 取得最大值, 最大值为 3, 故 $f(x)$ 的最大值为 3.

变式练习7 已知函数 $f(x) = x^3 - x^2$.

(1) 求函数 $f(x)$ 的单调递增区间;

(2) 求 $f(x)$ 在区间 $[-1, 2]$ 上的最大值和最小值.

解:(1) $\because f(x) = x^3 - x^2$, $\therefore f'(x) = 3x^2 - 2x$. 又 $\because f'(x) = 3x^2 - 2x > 0$, $\therefore x < 0$ 或 $x > \dfrac{2}{3}$, $\therefore f(x)$ 的递增区间为 $(-\infty, 0)$, $\left(\dfrac{2}{3}, +\infty\right)$.

(2) $\because f'(x) = 3x^2 - 2x < 0$, $\therefore 0 < x < \dfrac{2}{3}$, $f(x)$ 递减区间为 $\left(0, \dfrac{2}{3}\right)$. 由(1) 可知, $x = 0$ 是 $f(x)$ 的极大值点, $x = \dfrac{2}{3}$ 是 $f(x)$ 的极小值点, $\therefore f(x)_{极大值} = f(0) =$

$0,f(x)_{极小值}=f\left(\dfrac{2}{3}\right)=-\dfrac{4}{27}$，又 $\because f(-1)=-2,f(2)=4,\therefore f(x)_{最大值}=f(2)=4$，

$f(x)_{最小值}=f(-1)=-2.$

变式练习8 已知函数 $g(x)=xe^x-(x+1)^2.$ 求函数 $g(x)$ 在 $[-1,1]$ 上的最大值.

解：$g(x)=xe^x-x^2-2x-1,g'(x)=e^x+xe^x-2x-2=(x+1)(e^x-2)$，$x\in[-1,1]$，令 $g'(x)>0$，解得 $\ln2<x\leqslant1$，令 $g'(x)<0$，解得 $-1\leqslant x<\ln2,\therefore$ 函数 $g(x)$ 在 $[-1,\ln2)$ 上单调递减，在 $(\ln2,1]$ 上单调递增，且 $g(-1)=-\dfrac{1}{e}-1+2-1=-\dfrac{1}{e},g(1)=e-1-2-1=e-4,\therefore$ 所求函数在 $[-1,1]$ 上的最大值为 $-\dfrac{1}{e}.$

第 2 节 三角中的最值问题

例 1 在 $Rt\triangle ABC$ 中，直角 C 的角平分线的长为 1，则斜边 AB 长的最小值是（　　）.

A. $2\sqrt{2}$ 　　　　 B. 4 　　　　 C. 2 　　　　 D. $\sqrt{2}$

分析

设角 A,B 所对的边分别为 a,b，利用三角形面积相等可得 $\dfrac{1}{2}ab=\dfrac{\sqrt{2}}{4}(a+b)$，利用基本不等式可得 $\sqrt{ab}\geqslant\sqrt{2}$，再利用基本不等式可得 $\sqrt{a^2+b^2}\geqslant\sqrt{2ab}\geqslant2$，从而可得结果.

解：设角 A,B 所对的边分别为 a,b，角 C 的平分线为 CD，则 $CD=1,S_{\triangle ACD}=\dfrac{1}{2}\times b\times\sin45°=\dfrac{\sqrt{2}}{4}b,S_{\triangle BCD}=\dfrac{1}{2}\times a\times\sin45°=\dfrac{\sqrt{2}}{4}a,S_{\triangle ABC}=\dfrac{1}{2}ab$，又 $\because S_{\triangle ABC}=S_{\triangle ACD}+S_{\triangle BCD},\therefore\dfrac{1}{2}ab=\dfrac{\sqrt{2}}{4}(a+b),\therefore a+b=\sqrt{2}ab\geqslant2\sqrt{ab},\therefore\sqrt{ab}\geqslant\sqrt{2}$，当且仅当 $a=b=\sqrt{2}$ 时取等号，即斜边长为 $\sqrt{a^2+b^2}\geqslant\sqrt{2ab}\geqslant2$，故当且仅当 $a=$

$b=\sqrt{2}$ 时,斜边 AB 长取得最小值,最小值为 2. 故答案选 C.

例 2 已知外接圆半径为 6 的 $\triangle ABC$ 的三边为 a,b,c,$\triangle ABC$ 面积为 S,且 $S-b^2-c^2+a^2=0$,$\sin B+\sin C=\dfrac{4}{3}$,则 $\triangle ABC$ 面积 S 的最大值为( ).

A. $\dfrac{128\sqrt{17}}{17}$ B. $\dfrac{64\sqrt{17}}{17}$ C. $\dfrac{8\sqrt{17}}{17}$ D. $\dfrac{16\sqrt{17}}{17}$

分析

   利用正弦定理可得 $b+c=16$,再根据面积公式和余弦定理可得 $\tan A=4$,利用同角的三角函数的基本关系式可得 $\tan A$,最后利用基本不等式可得 bc 的最大值,从而可得面积的最大值.

解: $\because$ 外接圆的半径为 $R=6$,$\therefore$ $\sin B+\sin C=\dfrac{3}{4}$ 可化为 $2R\sin B+2R\sin C=16$,即 $b+c=16$. 由余弦定理可得 $b^2+c^2-a^2=2bc\cos A=\dfrac{1}{2}bc\sin A$. 又 $\because$ $bc>0$,$\therefore 4\cos A=\sin A$,即 $\tan A=4$,而 $A\in(0,\pi)$,故 $\sin A=\dfrac{4\sqrt{17}}{17}$. 由 $b+c=16$ 可得 $8\geqslant\sqrt{bc}$,$\therefore bc\leqslant 64$,当且仅当 $b=c=8$ 时取等号,$\therefore S_{\max}=\dfrac{1}{2}\times 64\times\dfrac{4\sqrt{17}}{17}=\dfrac{128\sqrt{17}}{17}$,故答案选 A.

例 3 在 $\triangle ABC$ 中,$AC=\sqrt{3}$.$B=\dfrac{\pi}{3}$,则 $AB+BC$ 的最大值为 _____.

解: 由余弦定理,$\cos B=\dfrac{a^2+c^2-b^2}{2ac}$,即 $\dfrac{1}{2}=\dfrac{a^2+c^2-3}{2ac}$,整理可得 $(a+c)^2=3+3ac\leqslant 3+3\times\left(\dfrac{a+c}{2}\right)^2$,解得 $a+c\leqslant 2\sqrt{3}$,当且仅当 $a=c=\sqrt{3}$ 时取等号,则 $AB+BC$,即 $a+c$ 的最大值为 $2\sqrt{3}$.

例 4 已知函数 $f(x)=(\sin x+\cos x)^2$,$x\in R$.

(1)求函数 $f(x)$ 的最小正周期;

(2)求函数 $f(x)$ 的最小值.

解: (1) $\because f(x)=\sin^2 x+2\sin x\cos x+\cos^2 x=1+\sin 2x$,$\therefore$ 函数 $y=f(x)$ 的

最小正周期为 $\dfrac{2\pi}{2}=\pi$.

（2）由（1）可知，当 $2x=-\dfrac{\pi}{2}+2k\pi(kz)$，即当 $x=-\dfrac{\pi}{4}+k\pi(kz)$ 时，函数 $y=f(x)$ 取最小值，最小值为 $f(x)_{\min}=1-1=0$.

例6　已知向量 $\vec{a}=(\sqrt{3},-1),\vec{b}=(\sin A,\cos A),\vec{a}\cdot\vec{b}=1$，且 A 为锐角.

（1）求角 A 的大小；

（2）求函数 $f(x)=\cos 2x+4\cos A\sin x(x\in R)$ 的值域.

解：（1）由题意得 $\vec{a}\cdot\vec{b}=\sqrt{3}\sin A-\cos A=1,2\sin\left(A-\dfrac{\pi}{6}\right)=1,\sin\left(A-\dfrac{\pi}{6}\right)=$

$\dfrac{1}{2}$，由 A 为锐角得 $A-\dfrac{\pi}{6}=\dfrac{\pi}{6},A=\dfrac{\pi}{3}$.

（2）由（1）可知，$\cos A=\dfrac{1}{2},\therefore f(x)=\cos 2x+2\sin x=1-2\sin^2 x+2\sin x=$

$-2\left(\sin x-\dfrac{1}{2}\right)^2+\dfrac{3}{2},\because x\in\mathbf{R},\therefore\sin x\in[-1,1]$. 因此，当 $\sin x=\dfrac{1}{2}$ 时，$f(x)$

取最大值，最大值为 $\dfrac{3}{2}$；当 $\sin x=-1$ 时，$f(x)$ 有最小值，最小值为 -3，故所求函

数 $f(x)$ 的值域为 $\left[-3,\dfrac{3}{2}\right]$.

例7　在 Rt$\triangle ABC$ 中，已知 $BC=m,AC=n,D$ 是斜边 AB 上任意一点［见图 2-4(a)］，沿直线 CD 将 $\triangle ABC$ 折成直二面角 $B-CD-A$［见图 2-4(b)］. 若折叠后 A,B 两点间的距离为 a，则 a 的最小值为＿＿＿＿＿＿.

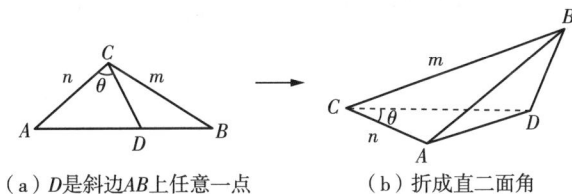

（a）D是斜边AB上任意一点　　　　（b）折成直二面角

图 2-4　例 7 示意图

分析

引入变量 $\angle ACD=\theta$，将距离表示为 $\sqrt{m^2+n^2-mn\sin 2\theta}$，根据三角函数得到最小值.

解：设 $BC=m,AC=n,0<\theta<\dfrac{\pi}{2}$，则 $\angle BCD=\dfrac{\pi}{2}-\theta$，过 A 作 $AG\perp CD$ 于 G，过 B 作 $BH\perp CD$ 交 CD 的延长线于 H，$\therefore AG=n\sin\theta,BH=m\cos\theta,CG=n\cos\theta$，$\therefore HG=CH-CG=m\sin\theta-n\cos\theta$，则

$$a=|AB|=\sqrt{AG^2+BH^2+HG^2}=\sqrt{n^2\sin^2\theta+m^2\cos^2\theta+(m\sin\theta-n\cos\theta)^2}$$

$$=\sqrt{n^2\sin^2\theta+m^2\cos^2\theta+m^2\sin^2\theta+n^2\cos^2\theta-mn\sin2\theta}=\sqrt{m^2+n^2-mn\sin2\theta}$$

由此可知，当 $\theta=\dfrac{\pi}{4}$，即当 CD 为 $\mathrm{Rt}\triangle ABC$ 的角平分线时，a 取得最小值 $\sqrt{m^2+n^2-mn}$.

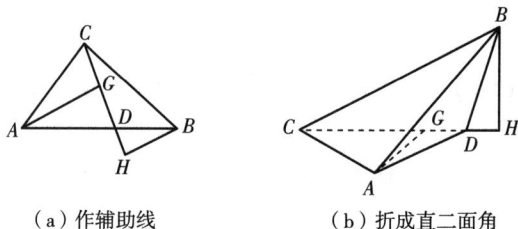

（a）作辅助线　　　　（b）折成直二面角

图 2-5　例 7 解析示意图

例 8　在 $\triangle ABC$ 中，$a^2-\sqrt{2}ac+c^2=b^2$.

（1）求 $\angle B$ 的大小；

（2）求 $\cos C+\sqrt{2}\cos A$ 的最大值.

解：（1）由余弦定理及题设得 $\cos B=\dfrac{a^2+c^2-b^2}{2ac}=\dfrac{\sqrt{2}ac}{2ac}=\dfrac{\sqrt{2}}{2}$.$\because 0<\angle B<\pi$，$\therefore \angle B=\dfrac{\pi}{4}$.

（2）由（1）可知，$\angle A+\angle C=\dfrac{3\pi}{4}$，$\sqrt{2}\cos A+\cos C=\sqrt{2}\cos A+\cos\left(\dfrac{3\pi}{4}-A\right)=$

$\sqrt{2}\cos A-\dfrac{\sqrt{2}}{2}\cos A+\dfrac{\sqrt{2}}{2}\sin A=\dfrac{\sqrt{2}}{2}\cos A+\dfrac{\sqrt{2}}{2}\sin A=\cos\left(A-\dfrac{\pi}{4}\right)$，$\because 0<\angle A<\dfrac{3\pi}{4}$，$\therefore$ 当 $\angle A=\dfrac{\pi}{4}$ 时，$\cos C+\sqrt{2}\cos A$ 取得最大值，最大值为 1.

例 9　如图 2-6 所示，一吊灯的下圆环直径为 4 m，圆心为 O，通过细绳悬挂

在天花板上,圆环呈水平状态,并且与天花板的距离(OB)为 2 m,在圆环上设置三个等分点A_1,A_2,A_3. 点C为OB上一点(不包含端点O,B),同时点C与点A_1,A_2,A_3,B均用细绳相连接,且细绳CA_1,CA_2,CA_3的长度相等,设细绳的总长为y.

(1) 设 $\angle CA_1O=\alpha(\mathrm{rad})$,将 y 表示成 α 的函数关系式;

(2) 当 α 正弦值的大小是多少时,细绳总长 y 最小,此时 BC 应为多长.

解:(1) 在 Rt $\triangle COA_1$ 中,$CA_1=\dfrac{2}{\cos\alpha}$,$CO=$

$2\tan\alpha$,$y=3CA_1+CB=3\times\dfrac{2}{\cos\alpha}+2-2\tan\alpha=$

$\dfrac{2(3-\sin\alpha)}{\cos\alpha}+2\left(0<\alpha<\dfrac{\pi}{4}\right)$.

(2) $y'=2\times\dfrac{-\cos^2\alpha-(3-\sin\alpha)(-\sin\alpha)}{\cos^2\alpha}=$

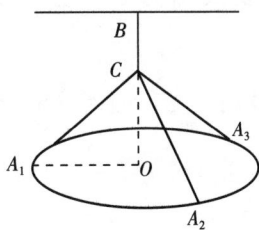
图 2-6　例 9 示意图

$2\times\dfrac{3\sin\alpha-1}{\cos^2\alpha}$,令 $y'=0$,则 $\sin\alpha=\dfrac{1}{3}$. 当 $\sin\alpha>\dfrac{1}{3}$ 时,$y'>0$;当 $\sin\alpha<\dfrac{1}{3}$ 时,$y'<$

0. $\because y=\sin\alpha$ 在 $\left[0,\dfrac{\pi}{4}\right]$ 上是增函数,$\therefore$ 当 α 满足 $\sin\alpha=\dfrac{1}{3}$ 时,y 取最小值,最小值为

$4\sqrt{2}+2(\mathrm{m})$,此时 $BC=2-\dfrac{\sqrt{2}}{2}(\mathrm{m})$.

注:解决实际问题时,关键是从实际问题中抽象出数学模型,还要注意实际问题的定义.

变式练习

变式练习 1　在 $\triangle ABC$ 中 $\angle A,\angle B,\angle C$ 的对边分别为 $a,b,c,ac\cdot\cos B+bc\cdot\cos A=2$,且 $\cos C=\dfrac{1}{9}$,则 $\triangle ABC$ 的面积的最大值为(　　).

A. $\dfrac{8\sqrt{5}}{9}$　　　　B. $\sqrt{5}$　　　　C. $\dfrac{\sqrt{5}}{2}$　　　　D. $\dfrac{4\sqrt{3}}{9}$

解:ABC 中 $\angle A,\angle B,\angle C$ 的对边分别为 $a,b,c,\cos C=\dfrac{1}{9}$,利用同角三角函

数的关系式 $\sin^2C+\cos^2C=1$,解得 $\sin C=\dfrac{4\sqrt{5}}{9}$,由于 $ac\cos B+bc\cos A=2$,利用

余弦定理 $ac\dfrac{a^2+c^2-b^2}{2ac}+bc\dfrac{b^2+c^2-a^2}{2bc}=2$，解得 $c^2=2.$ $\therefore$ $c^2=a^2+b^2-$

$2ab\cos C$，整理得 $4=a^2+b^2-\dfrac{2}{9}ab$，$\because$ $a^2+b^2\geqslant 2ab$，$\therefore 4\geqslant\dfrac{16}{9}ab$，$\therefore ab\leqslant\dfrac{9}{4}$，

$\therefore S_{\triangle ABC}=\dfrac{1}{2}ab\sin C\leqslant\dfrac{1}{2}\times\dfrac{9}{4}\times\dfrac{4\sqrt5}{9}=\dfrac{\sqrt5}{2}$，$\therefore \triangle ABC$ 的面积的最大值为 $\dfrac{\sqrt5}{2}$，故

答案选 C.

变式练习 2 已知函数 $g(x)=\sin2x+2\sin x$，则 $g(x)$ 的最小值是_____

_____.

解：$\because g'(x)=2\cos x+2\cos2x=4\cos^2x+2\cos x-2=(4\cos x-2)(\cos x+$

$1)$，$\therefore$ 当 $\cos x<\dfrac{1}{2}$ 时，函数单调递减；当 $\cos x>\dfrac{1}{2}$ 时，函数单调递增. 从而得到

函数的减区间为 $\left[2k\pi-\dfrac{5\pi}{3},2k\pi-\dfrac{\pi}{3}\right](k\in\mathbf{Z})$，函数的增区间为 $\left[2k\pi-\dfrac{\pi}{3}\right.$，

$\left.2k\pi+\dfrac{\pi}{3}\right](k\in\mathbf{Z})$，$\therefore$ 当 $x=2k\pi-\dfrac{\pi}{3},k\in\mathbf{Z}$ 时，函数 $g(x)$ 取得最小值，此时

$\sin x=-\dfrac{\sqrt3}{2}$，$\sin2x=-\dfrac{\sqrt3}{2}$，$\therefore g(x)_{\min}=2\times\left(-\dfrac{\sqrt3}{2}\right)-\dfrac{\sqrt3}{2}=-\dfrac{3\sqrt3}{2}$，故最小值

为 $-\dfrac{3\sqrt3}{2}$.

变式练习 3 在 $\triangle ABC$ 中 $\angle A,\angle B,\angle C$ 的对边分别为 a,b,c，已知 $a-$

$b\cos C-c\sin B=0$.

（1）求 $\angle B$ 的大小；

（2）若 $b=3$，求 $\triangle ABC$ 的面积的最大值.

解：（1）$\because a=b\cos C+\sin B$，$\therefore$ 由正弦定理可知，

$$\sin A=\sin B\cos C+\sin C\sin B. \qquad ①$$

在 ABC 中，$A=\pi-(B+C)$，$\therefore$ 有

$$\sin A=\sin(B+C)=\sin B\cos C+\cos B\sin C. \qquad ②$$

由 ① 和 ② 得 $\sin B\sin C=\cos B\sin C$. 又 $\because B\in(0,\pi)$，$\therefore B=\dfrac{\pi}{4}$.

（2）$S_{\triangle ABC}=\dfrac{1}{2}ac\sin B=\dfrac{\sqrt2}{4}ac$，由已知及余弦定理得 $9=a^2+c^2-2ac\cos\dfrac{\pi}{4}\geqslant$

$2ac - 2ac \times \dfrac{\sqrt{2}}{2}$，整理得 $ac \leqslant \dfrac{9}{2 - \sqrt{2}}$，当且仅当 $a = c$ 时取等号，则 $\triangle ABC$ 的面积

的最大值为 $\dfrac{1}{2} \times \dfrac{\sqrt{2}}{2} \times \dfrac{9}{2 - \sqrt{2}} = \dfrac{9\sqrt{2} + 9}{4}$.

变式练习 4 已知向量 $\overrightarrow{a} = \left(\sqrt{3}A\cos x, \dfrac{A}{2}\cos 2x \right), \overrightarrow{b} = (\sin x, 1)\,(A > 0)$，函

数 $f(x) = \overrightarrow{a} \cdot \overrightarrow{b}$ 的最大值为 6.

（1）求 A；

（2）将函数 $y = f(x)$ 的图象上各点的横坐标缩短为原来的 $\dfrac{1}{2}$，纵坐标不变，

再将所得图象向左平移 $\dfrac{\pi}{12}$ 个单位，得到函数 $y = g(x)$ 的图象. 求 $g(x)$ 在

$\left[0, \dfrac{5\pi}{24} \right]$ 上的值域.

解：（1）$f(x) = \overrightarrow{a}\,\overrightarrow{b} = \left(\sqrt{3}A\cos x, \dfrac{A}{2}\cos 2x \right)(\sin x, 1) = A\sin\left(2x + \dfrac{\pi}{6} \right), \because f(x) =$

$\overrightarrow{a}\,\overrightarrow{b}$ 的最大值为 6，$\therefore A = 6$.

（2）将函数 $y = f(x)$ 的图象向左平移 $\dfrac{\pi}{12}$ 个单位，得到 $t(x) =$

$6\sin\left[2\left(x + \dfrac{\pi}{12} \right) + \dfrac{\pi}{6} \right] = 6\sin\left(2x + \dfrac{\pi}{3} \right)$，再将所得图象上各点的横坐标缩短为原

来的 $\dfrac{1}{2}$，纵坐标不变，得到 $g(x) = 6\sin\left(4x + \dfrac{\pi}{3} \right)$. $\because x \in \left[0, \dfrac{5\pi}{24} \right], \therefore \dfrac{\pi}{3} \leqslant 4x + \dfrac{\pi}{3} \leqslant$

$\dfrac{7\pi}{6}$. $g(x) = 6\sin\left(4x + \dfrac{\pi}{3} \right)$ 的最小值为 $6 \times \sin\dfrac{7\pi}{6} = -3$，最大值为 $6 \times \sin\dfrac{\pi}{2} = 6$，

$\therefore g(x)$ 在 $\left[0, \dfrac{5\pi}{24} \right]$ 上的值域为 $[-3, 6]$.

变式练习 5 在 $\triangle ABC$ 中，a, b, c 分别为 $\angle A, \angle B, \angle C$ 的对边，且 $2a\sin A - (2b + c)\sin B - (2c + b)\sin C = 0$

（1）求 $\angle A$ 的大小；

（2）求 $\sin B + \sin C$ 的最大值.

解：（1）$\because 2a\sin A = (2b + c)\sin B + (2c + b)\sin C, \therefore 2\,a^2 = (2b + c)b + (2c +$

$b)c$，即 $a^2 = b^2 + c^2 + bc$. $\therefore \cos A = \dfrac{b^2 + c^2 - a^2}{2bc} = -\dfrac{1}{2}$，$\therefore A = 120°$.

$(2) \sin B + \sin C = \sin B + \sin(60° - B) = \dfrac{\sqrt{3}}{2}\cos B + \dfrac{1}{2}\sin B = \sin(60° + B)$，

$\because 0° < B < 60°$，$\therefore$ 当 $60° + B = 90°$，即 $B = 30°$ 时，$\sin B + \sin C$ 取得最大值，最大值为 1.

第 3 节　向量中的最值问题

平面向量中有关最值问题的求解通常有两种思路：①"形化"，即利用平面向量的几何意义将问题转化为平面几何中的最值或范围问题，然后根据平面图形的特征直接进行判断；②"数化"，即利用平面向量的坐标运算把问题转化为代数中的函数最值与值域、不等式的解集、方程有解等问题，然后利用函数、不等式、方程的有关知识来解决.

例 1　已知圆 O 的半径为 1，MP，MQ 为该圆的两条切线，P，Q 为两切点，那么 $\overrightarrow{MP} \cdot \overrightarrow{MQ}$ 的最小值为（　　）.

A. $-3 + \sqrt{2}$
B. $-4 + \sqrt{2}$
C. $-3 + 2\sqrt{2}$
D. $-4 + 2\sqrt{2}$

分析

本试题主要考查圆的性质、向量的数量积，兼顾考查不等式问题.

解：设圆心为 O，$\angle OMP$ 为 α，则 $\overrightarrow{MP} \cdot \overrightarrow{MQ}$ 的夹角为 2α，$\because OP \perp MP$，$\therefore \cos\alpha = \dfrac{|MP|}{|MO|}$，且 $|MP| = \sqrt{|MO|^2 - 1}$，$\therefore \overrightarrow{MP} \cdot \overrightarrow{MQ} = |\overrightarrow{MP}||\overrightarrow{MQ}|\cos 2\alpha = |\overrightarrow{MP}|^2(2\cos^2\alpha - 1) = \dfrac{(|MO|^2 - 1)(|MO|^2 - 2)}{|MO|^2} = |MO|^2 + \dfrac{2}{|MO|^2} - 3 \geqslant 2\sqrt{2} - 3$，故答案选 C.

例 2　如图 2-7 所示，在平面四边形 $ABCD$ 中 $AB \perp BC$，$AD \perp CD$，$\angle BAD = 120°$，$AB = AD = 1$，若点

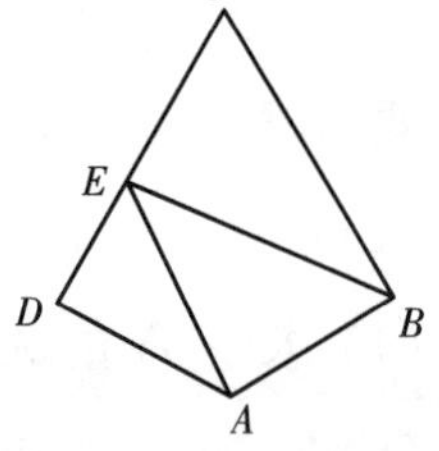

图 2-7　例 2 示意图

E 为边 CD 上的动点,则 $\overrightarrow{AE} \cdot \overrightarrow{BE}$ 的最小值为(　　).

A. $\dfrac{25}{16}$ B. 3

C. $\dfrac{21}{16}$ D. $\dfrac{3}{2}$

解:连接 AD,取 AD 中点为 O,可知 $\triangle ABD$ 为等腰三角形. $\because AB \perp BC$,

$AD \perp CD$,$\therefore \triangle BCD$ 为等边三角形,$BD = \sqrt{3}$. 设 $\overrightarrow{DE} = t\overrightarrow{DC}(0 \leqslant t \leqslant 1)$,则有

$$\overrightarrow{AE} \cdot \overrightarrow{BE} = (\overrightarrow{AD} + \overrightarrow{DE}) \cdot (\overrightarrow{BD} + \overrightarrow{DE}) = \overrightarrow{AD} \cdot \overrightarrow{BD} + \overrightarrow{DE} \cdot (\overrightarrow{AD} + \overrightarrow{BD}) + \overrightarrow{DE}^2$$

$$= \frac{3}{2} + \overrightarrow{BD} \cdot \overrightarrow{DE} + \overrightarrow{DE}^2 = 3t^2 - \frac{3}{2}t + \frac{3}{2}(0 \leqslant t \leqslant 1)$$

$\therefore$ 当 $t = \dfrac{1}{4}$ 时,上式取得最大值,最大值为 $\dfrac{21}{16}$,故答案选 C.

注:本题考查的是平面向量基本定理与向量的拆分,需要选择合适的基底,再把其他向量都用基底表示,同时利用向量共线转化为函数求最值.

例 3 过 $\triangle ABC$ 的重心任作一直线分别交边 AB,AC 于点 M,N. 若 $\overrightarrow{AM} = a\overrightarrow{AB}$,$\overrightarrow{AN} = b\overrightarrow{AC}$,$ab \neq 0$,则 $4a + b$ 的最小值为_____.

解:设重心为 O,$\because$ 重心分中线的比为 $2:1$,$\therefore$ 有 $\overrightarrow{AB} + \overrightarrow{AC} = 3\overrightarrow{AO}$,$\overrightarrow{AB} + \overrightarrow{AC} = \dfrac{1}{a}\overrightarrow{AM} + \dfrac{1}{b}\overrightarrow{AN}$,则 $\overrightarrow{AO} = \dfrac{1}{3a}\overrightarrow{AM} + \dfrac{1}{3b}\overrightarrow{AN}$. 又 $\because O,M,N$ 三点共线,$\therefore \dfrac{1}{3a} + \dfrac{1}{3b} = 1$,则 $4a + b = \left(\dfrac{1}{3a} + \dfrac{1}{3b}\right)(4a + b) = \dfrac{5}{3} + \dfrac{4a}{3b} + \dfrac{b}{3a} \geqslant \dfrac{5}{3} + 2\sqrt{\dfrac{b}{3a}\dfrac{4a}{3b}} = 3$,当 $2a = b$ 时取等号.

注:(1) 三角形的重心是三条中线的交点,且重心分中线的比例为 $2:1$;

(2) 运用基本不等式时,注意取等号时条件是否成立.

例 4 如图 $2-8$ 所示,圆 O 是边长为 $2\sqrt{3}$ 的等边三角形 ABC 的内切圆,其与 BC 边相切于点 D,点 M 为圆上任意一点,$\overrightarrow{BM} = x\overrightarrow{BD} + y\overrightarrow{BA}(x,y \in \mathbf{R})$,则 $x + 2y$ 的最大值为_____.

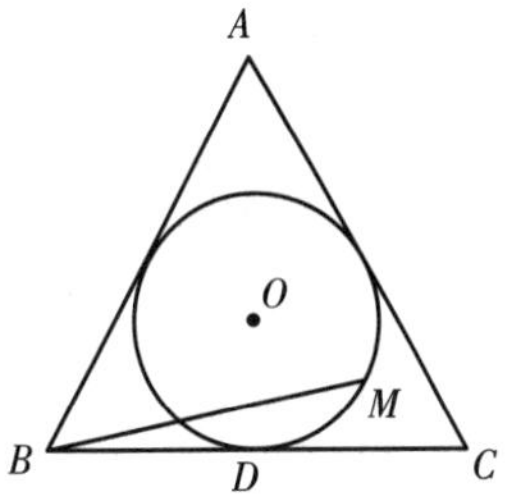

解:以 D 点为原点,BC 所在直线为 x 轴,AD 所在直线为 y 轴,建立直角坐标系,如图 $2-9$ 所示.

图 $2-8$ 例 4 示意图

设内切圆的半径为 1,即以 $(0,1)$ 为圆心,1 为半径的圆. 根据三角形面积公式得到 $\frac{1}{2} \times l_{周长} \times r = S = \frac{1}{2} \times AB \times AC \times \sin 60°$,可得到内切圆的半径为 1,可得到点的坐标为 $B(-\sqrt{3},0)$,$C(\sqrt{3},0)$,$A(0,3)$,$D(0,0)$,$M(\cos\theta,1+\sin\theta)$,$\overrightarrow{BM} = (\cos\theta+\sqrt{3},1+\sin\theta)$,$\overrightarrow{BA} = (\sqrt{3},3)$,$\overrightarrow{BD} = (\sqrt{3},0)$,得到 $\overrightarrow{BM} = (\cos\theta+\sqrt{3},1+\sin\theta) = (x \cdot \sqrt{3}+y \cdot \sqrt{3},3y)$,故得到 $\cos\theta = \sqrt{3} \cdot x + \sqrt{3} \cdot y - \sqrt{3}$,$\sin\theta = 3y-1$,推出

$$\begin{cases} x = \dfrac{\cos\theta}{\sqrt{3}} - \dfrac{\sin\theta}{3} + \dfrac{2}{3}, \\ y = \dfrac{1+\sin\theta}{3}, \end{cases} \quad x+2y = \dfrac{\cos\theta}{\sqrt{3}} + \dfrac{\sin\theta}{3} + \dfrac{4}{3} = \dfrac{2}{3}\sin(\theta+\varphi) + \dfrac{4}{3} \leqslant 2,$$

故最大值为 2.

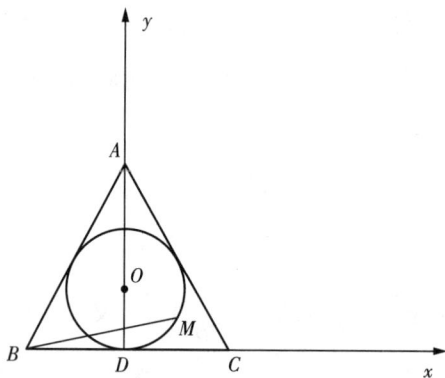

图 2-9   直角坐标系

例5   在 $\triangle ABC$ 中,$|AC|=2\sqrt{2}$,$|AB|=2$,$\angle BAC=45°$,M 为线段 AC 上任意一点,求 $\overrightarrow{MB} \cdot \overrightarrow{MC}$ 的取值范围.

解: 在 $\triangle ABC$ 中,设 $MA=x,x\in[0,2\sqrt{2}]$,则 $\overrightarrow{MB} \cdot \overrightarrow{MC} = (\overrightarrow{MA}+\overrightarrow{AB}) \cdot \overrightarrow{MC} = \overrightarrow{MA} \cdot \overrightarrow{MC} + \overrightarrow{AB} \cdot \overrightarrow{MC} = x(2\sqrt{2}-x) \times \cos 180° + 2(2\sqrt{2}-x) \times \cos 45° = x^2 - 3\sqrt{2}x + 4 = \left(x-\dfrac{3\sqrt{2}}{2}\right)^2 - \dfrac{1}{2},x\in[0,2\sqrt{2}]$.

由二次函数的性质可知,当 $x=\dfrac{3\sqrt{2}}{2}$ 时,有最小值,最小值为 $-\dfrac{1}{2}$;当 $x=0$

时,有最大值,最大值为 4,所求 $\overrightarrow{MB}\cdot\overrightarrow{MC}$ 的范围是 $\left[-\dfrac{1}{2},4\right]$.

例6 已知 A,B 是半径为 $\sqrt{2}$ 的 $\odot O$ 上的两个点,$\overrightarrow{OA}\cdot\overrightarrow{OB}=1$,$\odot O$ 所在平面上有一点 C 满足 $|\overrightarrow{OA}+\overrightarrow{CB}|=1$,求 $|\overrightarrow{AC}|$ 的最大值.

解: 依题意得 $|OA|=|OB|=\sqrt{2}$,$\because\ \overrightarrow{OA}\cdot\overrightarrow{OB}=|\overrightarrow{OA}||\overrightarrow{OB}|\cos\angle AOB$,$\therefore$

$\sqrt{2}\times\sqrt{2}\cos\angle AOB=1$,得 $\angle AOB=\dfrac{\pi}{3}$.

以 O 为原点建立如图 $2-10$ 所示的平面直角坐标系,设 $A(\sqrt{2}\cos\theta,\sqrt{2}\sin\theta)$,

则 $B\left(\sqrt{2}\cos\left(\theta+\dfrac{\pi}{3}\right),\sqrt{2}\sin\left(\theta+\dfrac{\pi}{3}\right)\right)$ 或 $B\left(\sqrt{2}\cos\left(\theta-\dfrac{\pi}{3}\right),\sqrt{2}\sin\left(\theta-\dfrac{\pi}{3}\right)\right)$. 设

$C(x,y)$,当点 B 坐标为 $\left(\sqrt{2}\cos\left(\theta+\dfrac{\pi}{3}\right),\sqrt{2}\sin\left(\theta+\dfrac{\pi}{3}\right)\right)$ 时,则 $\overrightarrow{OA}+\overrightarrow{CB}=$

$\left(\sqrt{2}\cos\theta+\sqrt{2}\cos\left(\theta+\dfrac{\pi}{3}\right)-x,\sqrt{2}\sin\theta+\sqrt{2}\sin\left(\theta+\dfrac{\pi}{3}\right)-y\right)$.

由 $|\overrightarrow{OA}+\overrightarrow{CB}|=1$ 得 $\left[x-\left(\sqrt{2}\cos\theta+\sqrt{2}\cos\left(\theta+\dfrac{\pi}{3}\right)\right)\right]^{2}+$

$\left[y-\left(\sqrt{2}\sin\theta+\sin\left(\theta+\dfrac{\pi}{3}\right)\right)\right]^{2}=1$,即点 C 在以 1 为半径的圆上,$A(\sqrt{2}\cos\theta,$

$\sqrt{2}\sin\theta)$ 到圆心 $\left(\sqrt{2}\cos\theta+\sqrt{2}\cos\left(\theta+\dfrac{\pi}{3}\right),\right.$

$\sqrt{2}\cos\theta+\sqrt{2}\cos\left(\theta+\dfrac{\pi}{3}\right)\big)$ 的距离为 $d=$

$\sqrt{\left(\sqrt{2}\cos\left(\theta+\dfrac{\pi}{3}\right)\right)^{2}+\left(\sqrt{2}\cos\left(\theta+\dfrac{\pi}{3}\right)\right)^{2}}=\sqrt{2}$,

$|\overrightarrow{AC}|$ 的最大值为 $\sqrt{2}+1$,如图 $2-10$ 所示.

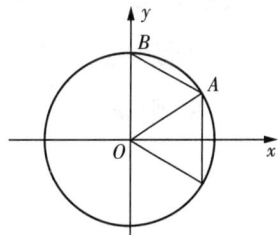

图 $2-10$　例 6 解析示意图

当点 B 坐标为 $\left(\sqrt{2}\sin\left(\theta-\dfrac{\pi}{3}\right),\sqrt{2}\sin\left(\theta-\dfrac{\pi}{3}\right)\right)$ 时,结论一样,如图 $2-$ 11 所示.

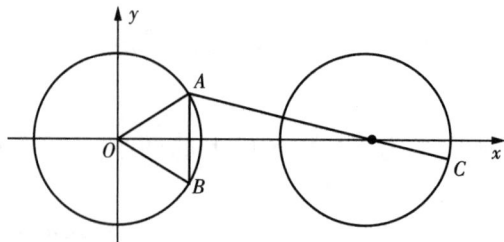

图 2-11   例 6 解析示意图

变式练习

变式练习 1   如图 2-12 所示,在 $\triangle ABC$ 中,点 D,E 是线段 BC 上两个动点,且 $\overrightarrow{AD}+\overrightarrow{AE}=a\overrightarrow{AB}+b\overrightarrow{AC}$,则 $\dfrac{1}{a}+\dfrac{4}{b}$ 的最小值为(   ).

A. 2   B. $\dfrac{3}{2}$ C. $\dfrac{9}{2}$ D. $\dfrac{5}{2}$

解:如图 2-12 可知 x,y 均为正,设 $\overrightarrow{AD}=m\overrightarrow{AB}+n\overrightarrow{AC}$,$\overrightarrow{AE}=\lambda\overrightarrow{AB}+\mu\overrightarrow{AC}$,$\because$ 点 B,D,E,C 共线,$\therefore m+n=1,\lambda+\mu=1$,$\overrightarrow{AD}+\overrightarrow{AE}=a\overrightarrow{AB}+b\overrightarrow{AC}=(m+\lambda)\overrightarrow{AB}+(n+\mu)\overrightarrow{AC}$,则 $a+b=m+n+\lambda+\mu=2$,$\therefore \dfrac{1}{a}+\dfrac{4}{b}=\dfrac{1}{2}\left(\dfrac{1}{a}+\dfrac{4}{b}\right)(a+b)=\dfrac{1}{2}\left(5+\dfrac{b}{a}+\dfrac{4a}{b}\right)\geqslant\dfrac{1}{2}\left(5+2\sqrt{\dfrac{b}{a}\cdot\dfrac{4a}{b}}\right)\dfrac{9}{2}$,则 $\dfrac{1}{a}+\dfrac{4}{b}$ 的最小值为 $\dfrac{9}{2}$,故答案选 C.

变式练习 2   给定两个长度为 1 的平面向量 $\overrightarrow{OA}$ 和 $\overrightarrow{OB}$,它们的夹角为 120°. 如图 2-13 所示,点 C 在以 O 为圆心的圆弧 $\overparen{AB}$ 上变动. 若 $\overrightarrow{OC}=x\overrightarrow{OA}+y\overrightarrow{OB}$,其中 $x,y\in\mathbf{R}$,则 $x+y$ 的最大值是_____.

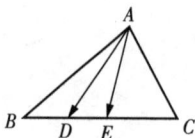

图 2-12   变式练习 1 示意图   图 2-13   变式练习 2 示意图

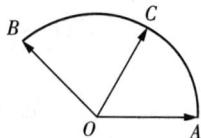

解法一:根据题意,设 $\angle AOC=\alpha$,则有 $\alpha\in[0,120°]$,从而可以推出

$$\begin{cases} \overrightarrow{OC}\cdot\overrightarrow{OA}=x\cdot\overrightarrow{OA}\cdot\overrightarrow{OA}+y\cdot\overrightarrow{OB}\cdot\overrightarrow{OA} \\ \overrightarrow{OC}\cdot\overrightarrow{OB}=x\cdot\overrightarrow{OA}\cdot\overrightarrow{OB}+y\cdot\overrightarrow{OB}\cdot\overrightarrow{OB} \end{cases},即\begin{cases} \cos\alpha=x-\dfrac{1}{2}y, \\ \cos(120°-\alpha)=-\dfrac{1}{2}x+y \end{cases} \therefore x+$$

$$y=2[\cos\alpha+\cos(120°-\alpha)]=\cos\alpha+\sqrt{3}\sin\alpha=2\sin\left(\alpha+\dfrac{\pi}{6}\right)\leqslant 2.$$

解法二:建立如图 2-14 所示的坐标系,则 $A(1,0)$,即 $B(\cos120°,\sin120°)$,

设 $\angle AOC=\alpha$ 则 $\overrightarrow{OC}=(\cos\alpha,\sin\alpha)$,$\because \overrightarrow{OC}=x\overrightarrow{OA}+$

$\overrightarrow{yOB}=(x,0)+\left(-\dfrac{y}{2},\dfrac{\sqrt{3}y}{2}\right)=(\cos\alpha,\sin\alpha)$,

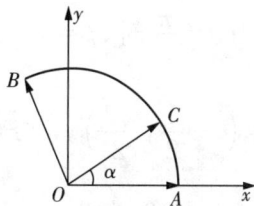

$\therefore\begin{cases}x-\dfrac{y}{2}=\cos\alpha, \\ \dfrac{\sqrt{3}}{2}i=\sin\alpha.\end{cases}$ $\therefore\begin{cases}x=\dfrac{\sin\alpha}{\sqrt{3}}+\cos\alpha, \\ y=\dfrac{2\sin\alpha}{\sqrt{3}}.\end{cases}$ $\therefore x+y=$

图 2-14 建立坐标系

$\sqrt{3}\sin\alpha+\cos\alpha=2\sin(\alpha+30°)$,$\therefore 0\leqslant\alpha\leqslant120°$,$\therefore 30°\leqslant\alpha+30°\leqslant150°$,$\therefore x+y$ 有最大值,最大值为 2,当 $\alpha=60°$ 时取最大值 2.

变式练习3 如图 2-15 放置的边长为 1 的正方形 $ABCD$ 的顶点 A,D 分别在 x 轴、y 轴正半轴(含原点)滑动,则 $\overrightarrow{OB}\cdot\overrightarrow{OC}$ 的最大值为_____.

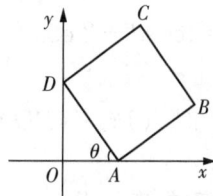

解:设 $\angle OAD=\theta$,$\theta\in\left(0,\dfrac{\pi}{2}\right)$,由于 $AD=1$,故

图 2-15 变式练习3示意图

$OA=\cos\theta,OD=\sin\theta$,又 $\because\angle BAx=\dfrac{\pi}{2}-\theta,AB=1$,

$\therefore x_B=\cos\theta+\cos\left(\dfrac{\pi}{2}-\theta\right)=\cos\theta+\sin\theta$,$y_B=\sin\left(\dfrac{\pi}{2}-\theta\right)=\cos\theta$,则 $\overrightarrow{OB}=(\cos\theta+\sin\theta,\cos\theta)$. 同理可得 $\overrightarrow{OC}=(\sin\theta,\cos\theta+\sin\theta)$,$\overrightarrow{OB}\cdot\overrightarrow{OC}=(\cos\theta+\sin\theta,\cos\theta)\cdot(\sin\theta\cos\theta+\sin\theta)=1+\sin2\theta.$ $\because\theta\in\left(0,\dfrac{\pi}{2}\right)$,$\therefore$

当 $2\theta=\dfrac{\pi}{2}$ 时,$\overrightarrow{OB}\cdot\overrightarrow{OC}=1+\sin2\theta$ 的最大值为 2.

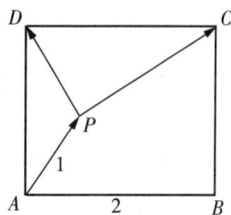

变式练习4 如图 2-16 所示,已知矩形 $ABCD$,

$AD=\sqrt{3}$,故 $AB=2$,点 p 为矩形内一点,且 $|\overrightarrow{AP}|=1$,

图 2-16 变式练习4示意图

设 $\angle PAB = \theta$.

(1) 当 $\theta = \dfrac{\pi}{3}$ 时,求证:$\overrightarrow{PC} \perp \overrightarrow{PD}$;

(2) 求 $(\overrightarrow{PC} + \overrightarrow{PD}) \cdot \overrightarrow{AP}$ 的最大值.

解: 以 A 为坐标原点建立平面直角坐标系如图 2-17 所示,则 $A(0,0),B(2,0),C(2,\sqrt{3}),D(0,\sqrt{3})$.

当 $\theta = \dfrac{\pi}{3}$ 时,$p = \left(\dfrac{1}{2},\dfrac{\sqrt{3}}{2}\right)$,则 $\overrightarrow{PC} = \left(\dfrac{3}{2},\dfrac{\sqrt{3}}{2}\right)$,

$\overrightarrow{PD} = \left(-\dfrac{1}{2},\dfrac{\sqrt{3}}{2}\right)$,$\therefore \overrightarrow{PC} \cdot \overrightarrow{PD} = \dfrac{3}{2}\times\left(-\dfrac{1}{2}\right) + \left(\dfrac{\sqrt{3}}{2}\right)^2 = -\dfrac{3}{4} + \dfrac{3}{4} = 0.$ $\therefore \overrightarrow{PC} \perp \overrightarrow{PD}.$

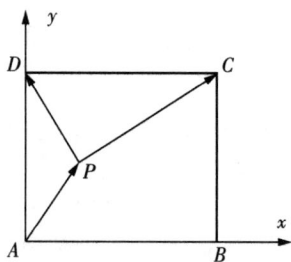

图 2-17 变式练习 4 解析示意图

(2) 由三角函数的定义可设 $p(\sin\theta,\cos\theta)$,则 $\overrightarrow{PC} = (2 - \cos\theta, \sqrt{3} - \sin\theta)$,$\overrightarrow{PD} = (-\cos\theta, \sqrt{3} - \sin\theta)$,$\overrightarrow{AP} = (\sin\theta,\cos\theta)$,从而 $\overrightarrow{PC} + \overrightarrow{PD} = (2 - \cos\theta, 2\sqrt{3} - 2\sin\theta)$,$\therefore (\overrightarrow{PC} + \overrightarrow{PD}) \cdot \overrightarrow{AP} = 2\cos\theta - 2\cos^2\theta + 2\sqrt{3}\sin\theta - 2\sin^2\theta = 4\sin\left(\theta + \dfrac{\pi}{6}\right) - 2.$ $\because 0 < \theta < \dfrac{\pi}{2}$,故当 $\theta = \dfrac{\pi}{3}$ 时,$(\overrightarrow{PC} + \overrightarrow{PD}) \cdot \overrightarrow{AP}$ 取得最大值,最大值为 2.

变式练习 5 已知向量 $\overrightarrow{m} = (1,\sqrt{3}), \overrightarrow{n} = (-2,0).$

(1) 求 $\overrightarrow{m} - \overrightarrow{n}$ 的坐标以及 $\overrightarrow{m} - \overrightarrow{n}$ 与 $\overrightarrow{m}$ 之间的夹角;

(2) 当 $t \in [1,1]$ 时,求 $|\overrightarrow{m} - t\overrightarrow{n}|$ 的取值范围.

解: (1) $\because \overrightarrow{m} - \overrightarrow{n} = (1,\sqrt{3}) - (-2,0) = (3,\sqrt{3})$,$\therefore \overrightarrow{m} - \overrightarrow{n}$ 的坐标为 $(3,\sqrt{3})$.

设 $\overrightarrow{m} - \overrightarrow{n}$ 与 $\overrightarrow{m}$ 之间的夹角为 θ,则 $\cos\theta = \dfrac{(\overrightarrow{m} - \overrightarrow{n}) \cdot \overrightarrow{m}}{|\overrightarrow{m} - \overrightarrow{n}||\overrightarrow{m}|} = \dfrac{3\times 1 + \sqrt{3}\times\sqrt{3}}{\sqrt{(9+3)}\times\sqrt{1+3}} = \dfrac{\sqrt{3}}{2}$,而 $0 \leqslant \theta \leqslant \pi$,故 $\theta = \dfrac{\pi}{6}$.

(2) $|\overrightarrow{m} - t\overrightarrow{n}| = (1,\sqrt{3}) - t(-2,0) = (1+2t,\sqrt{3})$,$|\overrightarrow{m} - t\overrightarrow{n}| = \sqrt{(1+2t)^2 + 3} = \sqrt{4\left(t + \dfrac{1}{2}\right)^2 + 3}$,$\because$ 在 $\left[-1,-\dfrac{1}{2}\right]$ 上递减,在 $\left[-\dfrac{1}{2},1\right]$ 上递减,$\therefore$ 当 $t = -\dfrac{1}{2}$

时, $|\overrightarrow{m}-t\overrightarrow{n}|$ 取最小值,最小值为 $\sqrt{3}$;当 $t=1$ 时, $|\overrightarrow{m}-t\overrightarrow{n}|$ 取最大值,最大值为 $2\sqrt{3}$,故 $|\overrightarrow{m}-t\overrightarrow{n}|$ 的取值范围为 $[\sqrt{3},2\sqrt{3}]$.

变式练习 6 在平面内,定点 A,B,C,D 满足 $|\overrightarrow{DA}|=|\overrightarrow{DB}|=|\overrightarrow{DC}|$, $\overrightarrow{DA}\cdot\overrightarrow{DB}=-2,\overrightarrow{DA}\cdot\overrightarrow{DB}=\overrightarrow{DB}\cdot\overrightarrow{DC}=\overrightarrow{DA}\cdot\overrightarrow{DC}$,动点 P,M 满足 $\overrightarrow{PM}=\overrightarrow{MC}$, $|\overrightarrow{AP}|=1$,求 $\overrightarrow{BM}^2$ 的最大值.

解:由 $\overrightarrow{DA}\cdot\overrightarrow{DB}=\overrightarrow{DB}\cdot\overrightarrow{DC}=\overrightarrow{DA}\cdot\overrightarrow{DC}$ 得 D 为 $\triangle ABC$ 的垂心. 由 $|\overrightarrow{DA}|=|\overrightarrow{DB}|=|\overrightarrow{DC}|$ 得 D 为 $\triangle ABC$ 的外心.$\therefore\triangle ABC$ 为等边三角形.$\therefore\angle ADC=\angle ADB=\angle BCD=120°.\therefore|\overrightarrow{DA}|=2.\therefore\triangle ABC$ 边长为 $2\sqrt{3}$.则可建立如图 2-18 所示的平面直角坐标系.则有 $A(-\sqrt{3},0),B(\sqrt{3},0),C(0,3)$.

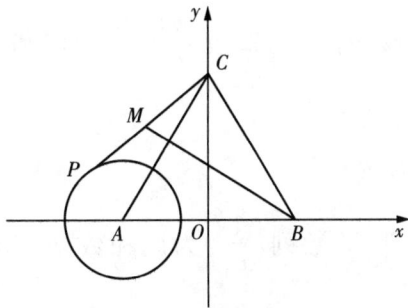

图 2-18 变式练习 6 解析示意图

由 $|\overrightarrow{AP}|=1$ 可知, P 点轨迹是以 A 为圆心,1 为半径的圆.可设 $P(-\sqrt{3}+\cos\theta,\sin\theta)$, $\because\overrightarrow{PM}=\overrightarrow{MC}$, $\therefore M$ 为 PC 中点, $\therefore M\left(\dfrac{-\sqrt{3}+\cos\theta}{2},\dfrac{3+\sin\theta}{2}\right)$. $\therefore\overrightarrow{BM}=\left(\dfrac{-3\sqrt{3}+\cos\theta}{2},\dfrac{3+\sin\theta}{2}\right)$, $|\overrightarrow{BM}|^2=\dfrac{27-6\sqrt{3}\cos\theta+\cos^2\theta}{4}+\dfrac{9+6\sqrt{3}\sin\theta+\sin^2\theta}{4}=$

$\dfrac{37+6\sin\theta-6\sqrt{3}\cos\theta}{4}=\dfrac{37+12\sin\left(\theta-\dfrac{\pi}{3}\right)}{4}$. $\therefore$ 当 $\sin\left(\theta-\dfrac{\pi}{3}\right)$ 时, $\left|BM\right|_{\max}^2=\dfrac{49}{4}$.

第 4 节　数列的最值问题

例 1 在等差数列 $\{a_n\}$ 中 $a_n>0$,且 $a_1+a_2+\cdots+a_{2018}=4038-a_{2019}$,则 a_1a_{2019} 的最大值为( ).

A. 6　　　　　B. 5　　　　　C. 4　　　　　D. 3

解: $\because$ 在等差数列 $\{a_n\}$ 中 $a_1+a_2+\cdots+a_{2018}+a_{2019}=4038$,

$\therefore \dfrac{2019(a_1 + a_{2019})}{2} = 4038$，即 $a_1 + a_{2019} = 4$，又 $\because a_n > 0, \therefore a_1 a_{2019} \leqslant$ $\left(\dfrac{a_1 + a_{2019}}{2}\right)^2 = 4$，当且仅当 $a_1 = a_{2019} = 2$ 时，$a_1 a_{2019}$ 取最大值，最大值为 4. 故答案选 C.

例 2 若数列 $\{a_n\}$ 满足 $\dfrac{1}{a_{n+1}} - \dfrac{1}{a_n} = d(n \in \mathbf{N}^*, d$ 为常数)，则称数列 $\{a_n\}$ 为 "调和数列". 已知数列 $\left\{\dfrac{1}{x_n}\right\}$ 为调和数列，且 $x_1 + x_2 + \cdots + x_{20} = 200$，则 $x_4 \, x_{17}$ 的最大值为( ).

A. 200 B. 150 C. 100 D. 50

解：$\because$ 数列 $\left\{\dfrac{1}{x_n}\right\}$ 为调和数列，$\therefore x_{n+1} - x_n = d$，即 $\{x_n\}$ 为等差数列，又 $\because x_1 +$ $x_2 + \cdots + x_{20} = 200, x_1 + x_2 + \cdots x_{20} = 10(x_4 + x_{17}), \therefore x_4 + x_{17} = 20$，又 $\because x_4, x_{17}$ 大于 0，$\therefore x_4 \, x_{17} \leqslant \left(\dfrac{x_4 + x_{17}}{2}\right)^2 = 100$，故答案选 C.

例 3 已知正项等比数列 $\{a_n\}$ 满足 $a_3 + a_5 = 20, a_2 a_8 = 16 a_5$，若存在两项 a_x，a_y，使得 $\sqrt{a_x a_y} = 32$，则 $\dfrac{1}{x} + \dfrac{4}{y}$ 的最小值为_____.

解：$\{a_n\}$ 为正项等比数列，$a_2 a_8 = 16 a_5 = a_5{}^2, a_5 = 16, a_3 + a_5 = 20, a_3 = 4$，

$\therefore a_n = 2^{n-1}, \sqrt{a_x a_y} = 32, 2^{x+y-2} = 2^{10}, x + y = 12, \dfrac{1}{x} + \dfrac{4}{y} = \dfrac{\left(\dfrac{1}{x} + \dfrac{4}{y}\right)(x+y)}{12} =$

$\dfrac{1 + \dfrac{y}{x} + \dfrac{4x}{y} + 4}{12} \geqslant \dfrac{2\sqrt{4} + 5}{12} = \dfrac{3}{4}$，当 $x = 4, y = 8$ 时取等号. 故答案为 $\dfrac{3}{4}$.

例 4 植树节某班 20 名同学在一段直线公路一侧植树，每人植一棵，相邻两棵树相距 10 m，开始时需将树苗集中. 放置在某一树坑旁边，使每名同学从各自树坑出发前来领取树苗往返所走的路程总和最小，求这个最小值.

解：设树苗集中放置在第 i 号坑旁边，则 20 名同学往返所走的路程总和为 $l = 2[(i-1) + (i-2) + \cdots + (19-i) + (20-i)] \times 10 = (i^2 - 21i + 210) \times 20 =$ $\left[\left(i - \dfrac{21}{2}\right)^2 + \dfrac{399}{4}\right] \times 20$，即 i 为 10 或 11 时，l 取最小值，最小值为 $l_{\min} = 2000$ m.

例 5 已知数列 $\{a_n\}$ 的前 n 项和为 $S_n-2n^2+30n=0$.

(1) 求出它的通项公式；

(2) 求使得 S_n 最小时 n 的值.

解：(1) $S_n=2n^2-30n$.

当 $n=1$ 时，$a_1=S_1=-28$；

当 $n\geqslant 2$ 时，$a_n=S_n-S_{n-1}=(2n^2-30n)-[2(n-1)^2-30(n-1)]=4n-32.$ a_1 也适合此式，$\therefore a_n=4n-32.$

(2) $\because S_n=2n^2-30n=2\left(n-\dfrac{15}{2}\right)^2-\dfrac{225}{2}$，$n$ 是正整数，$\therefore$ 当 n 为 7 或 8 时，S_n 最小.

例 6 为鼓励应届毕业大学生自主创业，国家对应届毕业大学生创业贷款有贴息优惠政策，现有应届毕业大学生甲贷款开小型超市，初期投入为 72 万元，经营后每年的总收入为 50 万元，该公司第 n 年需要付出的超市维护和工人工资等费用为 a_n 万元，已知 $\{a_n\}$ 为等差数列，相关信息如图 2-19 所示.

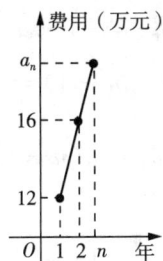

图 2-19 例 6 示意图

(1) 求 a_n；

(2) 该超市第几年开始盈利？（总收入减去成本及所有费用之差为正值）

(3) 该超市经营多少年，其年平均获利最大？最大值是多少？

$\left(\text{年平均获利}=\dfrac{\text{前 } n \text{ 年总获利}}{n}\right)$

解：(1) 由题意知，每年需付出的费用是以 12 为首项，4 为公差的等差数列，求得 $a_n=a_1+4(n-1)=4n+8.$

(2) 设超市第 n 年后开始盈利，盈利为 y 万元，则 $y=50n-\left[12n+\dfrac{n(n-1)}{2}\times 4\right]-72=-2n^2+40n-72$，由 $y>0$ 得 $n^2-20n+36<0$，解得 $2<n<18$，$n\in\mathbf{N}$，故 $n=3.$ 即第 3 年开始盈利.

(3) 年平均盈利为 $\dfrac{y}{n}=-2n-\dfrac{72}{n}+40=-2\left(n+\dfrac{36}{n}\right)+40\leqslant -2\times 2\sqrt{n\cdot\dfrac{36}{n}}+40=16$，当且仅当 $n=\dfrac{36}{n}$，即 $n=6$ 时平均盈利最大. 故经过 6 年经营后年平均盈

利最大,最大值为 96 元.

变式练习 1 设等差数{a_n}的前 n 项和为 S_n,若 $a_1=-11$,$a_4+a_6+6=0$,则当 S_n 取最小值时,n 为( ).

A. 9   B. 8   C. 7   D. 6

解:设该数列的公差为 d,则 $a_4+a_6=2a_1+8d=2\times(-11)+8d=-6$,解得 $d=2$. $\therefore S_n=-11n+\dfrac{n(n-1)}{2}\times 2=n^2-12n=(n-6)^2-36$. $\therefore$ 当 $S_n=6$ 时,n 取最小值,故答案选 D.

变式练习 2 已知数列{a_n}满足 $a_1=20$,$a_{n+1}=a_n+2n$,则 $\dfrac{a_n}{n}$ 的最小值为_____.

解:$\because a_2-a_1=2$,$a_3-a_2=4$,$\cdots$,$a_n-a_{n-1}=2(n-1)$,$\therefore a_n-a_1=2(1+2+\cdots+n-1)=n(n-1)$,$\therefore a_n=n(n-1)+20$,其中 $n\geqslant 20$,又 $\because a_1=20$ 也符合,故 $a_n=n(n-1)+20$,$n\geqslant 1$,$\dfrac{a_n}{n}=n+\dfrac{20}{n}-1$,$\because$ 函数 $y=x+\dfrac{20}{x}$ 在 $(0,2\sqrt{5})$ 上为增函数,在 $(2\sqrt{5},+\infty)$ 为增函数,故 $\dfrac{a_n}{n}$ 的最小值可在 $n=4$ 或 $n=5$ 取得. 当 $n=4$ 时,$\dfrac{a_n}{n}=8$;当 $n=5$ 时,$\dfrac{a_n}{n}=8$. $\therefore \dfrac{a_n}{n}$ 的最小值为 8.

变式练习 3 设等差数列{a_n}的前 n 项和为 S_n,$S_3=6$,$S_6=21$,则 $\dfrac{2S_n+5}{n}$ 取得最小的 n 为_____.

解:设等差数列{a_n}的公差为 d,则 $\begin{cases} S_3=3a_1+3d=6, \\ S_6=6a_1+13-d=21, \end{cases}$ 解得 $\begin{cases} a_1=1, \\ d=1, \end{cases}$ $\therefore S_n=na_1+\dfrac{n(n-1)d}{2}=n+\dfrac{n(n-1)}{2}=\dfrac{n^2+n}{2}$,$\therefore \dfrac{2S_n+5}{n}=\dfrac{n^2+n+5}{n}=n+\dfrac{5}{n}+1\geqslant 2\sqrt{n\cdot\dfrac{5}{n}}+1=2\sqrt{5}+1$,当且仅当 $n=\sqrt{5}$ 时取等号,但 $\sqrt{5}\neq N^*$,由双勾函数的单调性可知,当 $n=2$ 或 $n=3$ 时,$\dfrac{2S_n+5}{n}$ 取最小值. 当 $n=2$ 时,$\dfrac{2S_n+5}{n}=2+\dfrac{5}{2}+1=\dfrac{11}{2}$;当 $n=3$ 时,$\dfrac{2S_n+5}{n}=3+\dfrac{5}{3}+1=\dfrac{17}{3}$. $\because \dfrac{17}{3}>\dfrac{11}{2}$,$\therefore$ 当

$n=2$ 时，$\dfrac{2S_n+5}{n}$ 取最小值，故答案为 2.

变式练习 4 已知函数 $f(x)=(x-1)^2$，$g(x)=4(x-1)$，数列 $\{a_n\}$ 满足 $a_1=2$，$a_n\neq1$，$(a_{n+1}-a_n)g(a_n)=-f(a_n)$.

(1) 求证 $4a_{n+1}=3a_n+1$；

(2) 求数列 $\{a_n-1\}$ 的通项公式；

(3) 若 $b_n=3f(a_n)-g(a_{n+1})$，求 $\{b_n\}$ 中的最大项.

解：(1) 证明：由 $(a_{n+1}-a_n)g(a_n)=-f(a_n)$，$g(a_n)=4(a_n-1)$，$f(a_n)=(a_n-1)^2$ 得 $(a_n-1)(4a_{n+1}-3a_{n-1})=0$. $\because a_n\neq1$，$\therefore a_{n+1}=\dfrac{3}{4}a_n+\dfrac{1}{4}$，$4a_{n+1}=3a_n+1$.

(2) $\because a_n\neq1$，$a_{n+1}-1=\dfrac{3}{4}(a_n-1)$，即 $\dfrac{a_{n+1}-1}{a_n-1}=\dfrac{3}{4}$，$\therefore\{a_n-1\}$ 是公比为 $\dfrac{3}{4}$ 的等比数列. 又 $\because a_1-1=1$，$\therefore a_n-1=\left(\dfrac{3}{4}\right)^{n-1}$.

(3) 由(2)可知，$a_n=\left(\dfrac{3}{4}\right)^{n-1}+1$，$\because b_n=3f(a_n)-g(a_{n+1})$，$\therefore b_n=3(a_n-1)^2-4(a_{n+1}-1)$. $\therefore b_n=3\left(\dfrac{3}{4}\right)^{2n-2}-4\left(\dfrac{3}{4}\right)^n=\dfrac{16}{3}\left(\dfrac{3}{4}\right)^{2n}-4\left(\dfrac{3}{4}\right)^n$. 令 $u=\left(\dfrac{3}{4}\right)^n$，则 $0<u\leqslant\dfrac{3}{4}$. 又 $\because y=\dfrac{16}{3}u^2-4u=\dfrac{16}{3}\left(u-\dfrac{3}{8}\right)^2-\dfrac{9}{4}$，且 $\dfrac{3}{4}-\dfrac{3}{8}=\dfrac{3}{8}-0$，$\therefore y_{\max}=\dfrac{16}{3}\times\left(\dfrac{3}{4}\right)^2-4\times\dfrac{3}{4}=0$. $\therefore\{b_n\}$ 中的最大项为 $b_1=0$.

第 5 节 不等式中的最值问题

例 1 已知不等式 $(a+b)\left(\dfrac{1}{a}+\dfrac{m}{b}\right)\geqslant9$ 对任意正实数 a，b 恒成立，则正实数 m 的最小值是( ).

A. 1   B. 4   C. 8   D. 2

解：由均值不等式得 $(a+b)\left(\dfrac{1}{a}+\dfrac{m}{b}\right)=1+m+\dfrac{b}{a}+\dfrac{ma}{b}\geqslant1+m+2\sqrt{m}$，只

需 $1+m+2\sqrt{m}\geqslant9$,即 $m+2\sqrt{m}-8\geqslant0$ 即可,整理得 $\sqrt{m}+4(\sqrt{m}-2)\geqslant0$,故 $\sqrt{m}\leqslant-4$(舍去) 或 $\sqrt{m}\geqslant2$,得 $m\geqslant4$,故答案选 B.

例 2 设 $0<x<1$,a,b 都为大于零的常数,则 $\dfrac{a^2}{x}+\dfrac{b^2}{1-x}$ 的最小值为( ).

A. a^2b^2 B. a^2 C. c D. $(a+b)^2$

分析

由于 $[x+(1-x)]=1$,$\dfrac{a^2}{x}+\dfrac{b^2}{1-x}$ 乘以 $[x+(1-x)]$ 等于 1,然后展开由基本不等式求最值,即可求得.

解:由题意可知,$0<x<1$,可得 $1-x>0$,则 $[x+(1-x)]=1$,$\therefore\dfrac{a^2}{x}+\dfrac{b^2}{1-x}=\left(\dfrac{a^2}{x}+\dfrac{b^2}{1-x}\right)[x+(1-x)]=a^2+b^2+\dfrac{(1-x)a^2}{x}+\dfrac{xb^2}{1-x}\geqslant a^2+b^2+2\sqrt{\dfrac{(1-x)a^2}{x}\cdot\dfrac{xb^2}{1-x}}=a^2+b^2+2\sqrt{a^2b^2}=a^2+b^2+2ab=(a+b)^2$,当且仅当 $\dfrac{(1-x)a^2}{x}\cdot\dfrac{xb^2}{1-x}$,即 $x=\dfrac{a}{a+b}$ 时取等号,故答案选 D.

注:在使用均值不等式时需注意"一正二定三相等"缺一不可.

例 3 已知 $x>y>0$,则 $x^2+\dfrac{64}{y(x-y)}$ 的最小值为_____.

分析

先用一次均值不等式 $y(x-y)\leqslant\left(\dfrac{y+(x-y)}{2}\right)^2=\dfrac{x^2}{4}$,再用一次均值不等式 $x^2+\dfrac{64}{y(x-y)}\geqslant x^2+\dfrac{256}{x^2}\geqslant32$,最后验证两次不等式取等号的条件是否满足.

解:$x^2+\dfrac{64}{y(x-y)}\geqslant x^2+\dfrac{64}{\left(\dfrac{y(x-y)}{2}\right)^2}=x^2+\dfrac{256}{x^2}\geqslant32$,当且仅当 $x^2=\dfrac{256}{x^2}$,

$y=(x-y)$ 时取等号,即 $x=4,y=2$,故答案为 32.

例 4　某公司一年需要购买某种原材料 900 t,计划每次购买 x t,已知每次的运费为 4 万元 / 次,一年总的库存费用为 $4x$ 万元,为了使总的费用最低,每次购买的数量 x 为_____.

解:由题意,总的费用 $y=\dfrac{900}{x}\times4+4x=4\left(\dfrac{900}{x}+x\right)\geqslant240$,当 $x=30$ 时取等号,故答案为 30 t.

注:一定注意实际问题中自变量的取值,以及取等号的条件.

例 5　在城市旧城改造中,某小区为了升级居住环境,拟在小区的闲置地中规划一个面积为 200 m² 的矩形区域(见图 2-20),按规划要求:在矩形内的四周安排 2 m 宽的绿化,绿化造价为 200 元 /m²,中间区域地面硬化以方便后期放置各类健身器材,硬化造价为 100 元 /m². 设矩形的长为 x m.

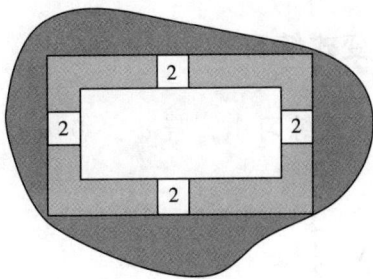

图 2-20　例 5 示意图

(1) 设总造价 y(元) 表示为长度 x 的函数;

(2) 当 x 取何值时,总造价最低,并求出最低总造价.

解:(1) 由矩形的长为 x 得出矩形的宽为 $\dfrac{200}{x}$,中间区域的长为 $x-4$,中间区域的宽为 $\dfrac{200}{x}-4$,则定义域为 $x\in(4,50)$,$y=100\times\left[(x-4)\left(\dfrac{200}{x}-4\right)\right]+200\left[200-(x-4)\left(\dfrac{200}{x}-4\right)\right]$,整理得 $y=18400+400\left(x+\dfrac{200}{x}\right),x\in(4,50)$.

(2) $x+\dfrac{200}{x}\geqslant2\sqrt{x\dfrac{200}{x}}=20\sqrt2$,当且仅当 $x=\dfrac{200}{x}$ 时取等号,即 $x=10\sqrt2\in(4,50)$,∴ 当 $x=10\sqrt2$ 时,总造价最低,最低为 $(18400+8000\sqrt2)$ 元.

例 7　某几何体的一条棱长为 $\sqrt7$,在该几何体的正视图、侧视图和俯视图中,这条棱的投影长分别为 $\sqrt6,m,n$ 的线段,求 $m+n$ 的最大值.

解:把这个几何体可看成一个长方体 $ABCD-A_1B_1C_1D_1$,如图 2-21 所示,这条棱可看成体对角线 $AC_1 = \sqrt{7}$, $\therefore AC_1$ 正视图,侧视图,俯视图分别是 DC_1,BC_1 和 AC,即 $DG_1 = \sqrt{6}$,$BC_1 = m$,$AC = n$.

设 $AB = x$,$BC = y$,$BB_1 = z$,则 $x^2 + y^2 = n^2$,$y^2 + z^2 = m^2$,$x^2 + z^2 = 6$,$2(x^2 + y^2 + z^2) = m^2 + n^2 + 6$,$m^2 + n^2 = 8$,

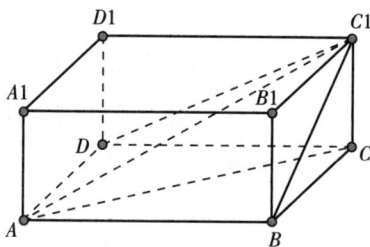

图 2-21 例 7 解析示意图

$\because m, n \in \mathbf{R}^+$, $\therefore \dfrac{m+n}{2} \leqslant \sqrt{\dfrac{m^2 + n^2}{2}} = 2$,$m + n \leqslant 4$.$\therefore m + n$ 最大值为 4.

变式练习

变式练习 1 若 $a > 0$,$b > 0$,$2ab + a + 2b - 3 = 0$,则 $a + 2b$ 的最小值是(   ).

A. $\dfrac{3}{2}$ B. 1   C. 2   D. $\sqrt{2}$

解:$\because a > 0$,$b > 0$,$2ab + a + 2b - 3 = 0$,$\therefore 2ab \leqslant \left(\dfrac{a + 2b}{2}\right)^2$,$\therefore a + 2b = 3 - 2ab \geqslant 3 - \dfrac{(a + 2b)^2}{4}$,当且仅当 $a = 1$,$b = \dfrac{1}{2}$ 时取等号. 设 $a + 2b = t$,则 $t \geqslant 3 - \dfrac{t^2}{4}$,$\therefore t^2 + 4t - 12 \geqslant 0$,解得 $t \leqslant -6$(舍去)或 $t \geqslant 2$,$\therefore a + 2b \geqslant 2$,$a + 2b = t$ 的最小值是 2. 故答案选 C.

变式练习 2 若直线 $\dfrac{x}{m} + \dfrac{y}{n} = 1(m > 0,n > 0)$ 始终平分圆 $(x-1)^2 + (y-1)^2 = 4$ 的周长,则 $m + 4n$ 的最小值为_____.

解:由于直线始终平分圆的周长,故直线 $\dfrac{x}{m} + \dfrac{y}{n} = 1(m > 0,n > 0)$ 过圆的圆心 $(1,1)$,即 $\dfrac{1}{m} + \dfrac{1}{n} = 1$,所以 $m + 4n = (m + 4n)\left(\dfrac{1}{m} + \dfrac{1}{n}\right) = 5 + \dfrac{4n}{m} + \dfrac{m}{n} \geqslant 5 + 2\sqrt{\dfrac{4n}{m} \cdot \dfrac{m}{n}} = 9$.

变式练习 3 随着经济的发展,我国更加重视对生态环境的保护,2018 年起,政府对环保不达标的养鸡场进行限期整改或勒令关闭. 一段时间内,鸡蛋的价格起伏较大(不同周价格不同). 假设第一周、第二周鸡蛋的价格分别为 x,y(单位:元/kg);甲、乙两人的购买方式不同:甲每周购买 3 kg 鸡蛋,乙每周购买 10 元钱鸡蛋.

(1) 若 $x=8$,$y=10$,求甲、乙两周购买鸡蛋的平均价格;

(2) 判断甲、乙两人谁的购买方式更实惠(平均价格低视为实惠),并说明理由.

解:(1)∵ $x=8$,$y=10$,∴甲两周购买鸡蛋的平均价格为 $\dfrac{3\times8+3\times10}{6}=9$,

乙两周购买鸡蛋的平均价格为 $\dfrac{20}{\frac{10}{8}+\frac{10}{10}}=\dfrac{80}{9}$.

(2) 甲两周购买鸡蛋的平均价格为 $\dfrac{3x+3y}{6}=\dfrac{x+y}{2}$,乙两周购买鸡蛋的平均

价格为 $\dfrac{20}{\frac{10}{x}+\frac{10}{y}}=\dfrac{2xy}{x+y}$,由(1)可知,$x=8$,$y=10$ 时,乙两周购买鸡蛋的平均价

格比甲两周购买鸡蛋的平均价格低,猜测乙的购买方式更实惠.

证法一(比较法):依题意 $x,y>0$,且 $x\neq y$,$\dfrac{x+y}{2}-\dfrac{2xy}{x+y}=$

$\dfrac{(x+y)^2-4xy}{2(x+y)}=\dfrac{(x-y)^2}{2(x+y)}>0$,∴ $\dfrac{x+y}{2}>\dfrac{2xy}{x+y}$,∴乙两周购买鸡蛋的平均

价格比甲两周购买鸡蛋的平均价格低,即乙的购买方式更实惠.

证法二(分析法):依题意 $x,y>0$,且 $x,y>0$,要证 $\dfrac{x+y}{2}>\dfrac{2xy}{x+y}$,只需证

$(x+y)^2>4xy$,即证 $x^2+y^2>2xy$ 即可,只需证 $x\neq y$(已知). ∴乙两周购买

鸡蛋的平均价格比甲两周购买鸡蛋的平均价格低,即乙的购买方式更实惠.

变式练习 4 已知 $mn\in\mathbf{R}$,$mn\neq0$,两圆 $x^2+y^2+2mx+m^2-4=0$ 和 x^2+

$y^2-4ny-1+4n^2=0$ 只有一条公切线,则 $\dfrac{1}{m^2}+\dfrac{1}{n^2}$ 的最小值为_____.

解:$x^2+y^2+2mx+m^2-4=0\Rightarrow(x+m)^2+y^2=4$,圆心为 $(-m,0)$,半径为

2. $x^2+y^2-4ny-1+4n^2=0\Rightarrow x^2+(y-2n)^2=1$,圆心为 $(0,2n)$,半径为 1. 因

为两圆只有一条公切线,所以两圆是内切关系,即 $\sqrt{(-m-0)^2+(0-2n)^2}=$

$1 \Rightarrow m^2 + 4n^2 = 1$，于是有 $\dfrac{1}{m^2} + \dfrac{1}{n^2} = \dfrac{m^2 + 4n^2}{m^2} + \dfrac{m^2 + 4n^2}{n^2} = 5 + \dfrac{4n^2}{m^2} + \dfrac{m^2}{n^2} \geq 5 +$

$2\sqrt{\dfrac{4n^2}{m^2} \cdot \dfrac{m^2}{n^2}} = 9$（当且仅当 $m^2 = 2n^2$ 时取等号），因此 $\dfrac{1}{m^2} + \dfrac{1}{n^2}$ 的最小值为 9.

变式练习 5 党的十九大报告指出，建设生态文明是中华民族永续发展的千年大计．而清洁能源的广泛使用将为生态文明建设提供更有力的支撑．沼气作为取之不尽、用之不竭的生物清洁能源，在保护绿水青山方面具有独特功效．通过办沼气带来的农村"厕所革命"，对改善农村人居环境等方面，起到立竿见影的效果．为了积极响应国家推行的"厕所革命"，某农户准备建造一个深为 2 m，容积为 32 m³ 的长方体沼气池，如果池底每平方米的造价为 150 元，池壁每平方米的造价为 120 元，沼气池盖子的造价为 3000 元，问怎样设计沼气池能使总造价最低？最低总造价是多少元？

解：设沼气池的底面长为 x m，沼气池的总造价为 y 元，∵ 沼气池的深为 2 m，容积为 32 m³，∴ 底面积为 16 m²，∵ 底面长为 x m，所以底面的宽为 $\dfrac{16}{x}$，依题意有 $y = 3000 + 150 \times 16 + 120 \times 2\left(2x + 2 \times \dfrac{16}{x}\right) = 5400 + 480\left(x + \dfrac{16}{x}\right)$，∵ $x >$

0，由基本不等式和不等式的性质可得 $5400 + 480\left(x + \dfrac{16}{x}\right) \geq 5400 + 480 \times$

$2\sqrt{x \cdot \dfrac{16}{x}}$，即 $y \geq 5400 + 480 \times 2\sqrt{16}$，∴ $y \geq 9240$，当且仅当 $x = \dfrac{16}{x}$，即 $x = 4$ 时取等号，∴ 当沼气池的底面是边长为 4 m 的正方形时，沼气池的总造价最低，最低总造价是 9240 元．

第 6 节　立体几何中的最值问题

例 1 在正四棱锥 $S\text{-}ABCD$ 中，$SO \perp$ 平面 $ABCD$ 于 O，$SO = 2$，底面边长为 $\sqrt{2}$，点 P、Q 分别在线段 BD、SC 上移动，则 P、Q 两点的最短距离为（　　）．

A. $\dfrac{\sqrt{5}}{5}$　　　　B. $\dfrac{2\sqrt{5}}{5}$ C. 2　　　　D. 1

解：如图 2 - 22 所示，由于点 P、Q 分别在线段 BD、SC 上移动，先让点 P 在

BD 上固定，Q 在 SC 上移动，当 OQ 最小时，PQ 最小.

过 O 作 $OQ \perp SC$，在 $\text{Rt} \triangle SOC$ 中，$OQ = \dfrac{2\sqrt{5}}{5}$. P 在 BD

上运动，且当 P 运动到点 O 时，PQ 最小，OQ 的长为

$\dfrac{2\sqrt{5}}{5}$，也就是异面直线 BD 和 SC 的公垂线段的长. 故

答案选 B.

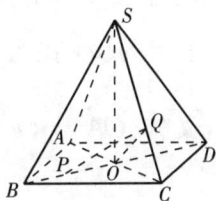

图 2-22　例 1 解析示意图

例 2　如图 2-23 所示，边长均为 a 的正方形 $ABCD$，$ABEF$ 所在的平面所成

的角为 $\theta \left(0 < \theta < \dfrac{\pi}{2} \right)$. 点 M 在 AC 上，点 N 在 BF 上，若 $AM = FN$.

(1) 求证：$MN // $ 面 BCE；

(2) 求证：$MN \perp AB$；

(3) 求 MN 的最小值.

解：(1) 如图 2-23 所示，延长 AN 交 BE 于 Q，连

CQ，$\because \dfrac{AN}{AQ} = \dfrac{FN}{FB} = \dfrac{AM}{AC}$，$\therefore MN // CQ$，$CQ \subset$ 面 BCQ，

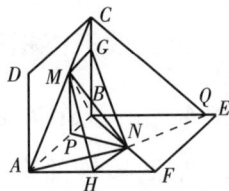

图 2-23　例 2 示意图

$MN \not\subset$ 平面 BCQ，$\therefore MN // $ 面 BCE.

(2) 作 $NP // BC$ 交 AB 于 P，连 PN，则 $\dfrac{AM}{AC} = \dfrac{AP}{AB} = \dfrac{FN}{FB}$，$\therefore PN // AF$. 易证

$AB \perp$ 面 MNP，故 $MN \perp AB$.

(3) $\angle MPN$ 为面 $ABCD$ 与 $ABEF$ 所成二面角的平面角，即 $\angle MPN = \theta$，设

$AP = x$，则 $BP = a - x$，$NP = a - x$，所以 $MN = \sqrt{x^2 + (a-x)^2 - 2x(a-x)\cos\theta} = $

$\sqrt{2(1 + \cos\theta)\left(x - \dfrac{a}{2} \right)^2 + \dfrac{1}{2}(1 - \cos\theta) a^2}$，故 当 $x = \dfrac{a}{2}$ 时，MN 有最小值，最小值

为 $\sqrt{\dfrac{1}{2}(1 - \cos\theta)}\, a$.

例 3　求半径为 R 的球内接正三棱锥体积的最大值.

分析

要使球内接正三棱锥的体积最大，则需正三棱锥的边或高最大，而高

过球心，则可寻球高与半径之间的关系.

解:如图 2-24 所示,设正三棱锥高 $O_1A=h$,底面边长为 a,由正三棱锥性质可知,$O_1B=\frac{\sqrt{3}}{3}a$,又知 $OA=OB=R$,则在 $\mathrm{Rt}\triangle OBO_1$ 中,

$\left(\frac{\sqrt{3}}{3}a\right)^2=R^2-(h-R)^2$,$\therefore a^2=3h(2R-h)$,$\therefore V=\frac{1}{3}\cdot\frac{\sqrt{3}}{4}a^2h=\frac{\sqrt{3}}{4}h^2(2R-h)=\sqrt{3}\frac{h}{2}\frac{h}{2}(2R-h)\leqslant$

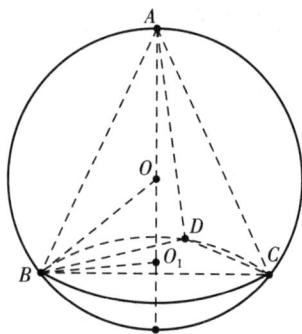

图 2-24　例 3 解析示意图

$$\sqrt{3}\cdot\left(\frac{\frac{h}{2}+\frac{h}{2}+2R-h}{3}\right)^3=\frac{8\sqrt{3}}{27}R^3$$（当且仅当 $\frac{h}{2}=2R-h$,即 $h=\frac{4}{3}R$ 时,取等号）,$\therefore$ 正三棱锥体积最大值为 $\frac{8\sqrt{3}}{27}R^3$.

例 4　正 $\triangle ABC$ 的边长为 a,沿 BC 的平行线 PQ 折叠,使平面 $A'PQ\perp$ 平面 $BCQP$,求四棱锥的棱 $A'B$ 取得最小值时,四棱锥 $A'-BCQP$ 的体积.

分析

　　棱 $A'B$ 的长是由点 A' 到 PQ 的距离变化而变化,因此我们可建立棱 $A'B$ 与点 A' 到 PQ 的距离的一个函数关系式,从而求出棱 $A'B$ 的最小值,进而求出体积.

解:如图 2-25 所示,取 PQ 中点 O,显然 $AO\perp PQ$,即 $A'O\perp PQ$,$\because$ 平面 $A'PQ\perp$ 平面 $BCQP$,$\therefore A'O\perp$ 平面 $BCQP$,如图 2-25 所示建立直角坐标系 $O-xyz$,设 $A'O=x$,$\because$ 正 $\triangle ABC$ 的边长为 a,$\therefore A'(0,0,x)$,$O(0,0,0)$,$B\left(\frac{\sqrt{3}}{2}a-x,-\frac{1}{2}a,0\right)$,得 $\overrightarrow{A'B}=\overrightarrow{A'O}+\overrightarrow{OB}=$

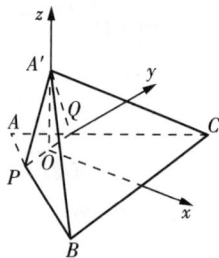

图 2-25　例 4 解析示意图

$(0,0,-x)+\left(\frac{\sqrt{3}}{2}a-x,-\frac{1}{2}a,0\right)=\left(\frac{\sqrt{3}}{2}a-x,-\frac{1}{2}a,-x\right)$,$\therefore|\overrightarrow{A'B}|=$

$$\sqrt{\left(\frac{\sqrt{3}}{2}a-x\right)^2+\left(-\frac{1}{2}a\right)^2+(-x)^2}=\sqrt{2x^2-\sqrt{3}ax+a^2}=\sqrt{2\left(x-\frac{\sqrt{3}}{4}a\right)^2+\frac{5}{8}a^2},$$

即当 $x=\dfrac{\sqrt{3}}{4}a$ 时，$|\overrightarrow{A'B}|_{\min}=\dfrac{\sqrt{10}}{4}a$，$\therefore V_{A'-BCPQ}=\dfrac{1}{3}\cdot S_{BCQP}\cdot A'O=\dfrac{1}{3}\times\left[\dfrac{\sqrt{3}}{4}a^2-\right.$

$\left.\dfrac{\sqrt{3}}{4}\left(\dfrac{1}{2}a\right)^2\right]\times\dfrac{\sqrt{3}}{4}a=\dfrac{3}{64}a^3$.

注:很多情况下，我们都是把这类动态问题转化成目标函数，最终利用代数方法求目标函数的最值

例 5　如图 2-26(a) 所示，$\angle ACB=45°$，$BC=3$，过动点 A 作 $AD\perp BC$，垂足 D 在线段 BC 上且异于点 B，连接 AB，沿 AD 将 $\triangle ABD$ 折起，使 $\angle BDC=90°$[见图 2-26(b)].

当 BD 的长为多少时，三棱锥 A-BCD 的体积最大.

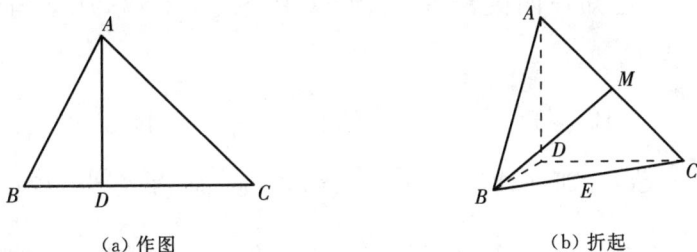

（a）作图　　　　　　（b）折起

图 2-26　例 5 示意图

解法一:在如图 2-26(a) 所示的 $\triangle ABC$ 中，设 $BD=x(0<x<3)$，则 $CD=3-x$. 由 $AD\perp BC$，$\angle ACB=45°$ 可知，$\triangle ADC$ 为等腰直角三角形，所以 $AD=CD=3-x$. 由折起前 $AD\perp BC$ 可知，折起后[见图 2-26(b)]，$AD\perp DC$，$AD\perp BD$，且 $BD\bigcap DC=D$，$\therefore AD\perp$ 平面 BCD. 又 $\because \angle BDC=90°$，$\therefore S_{\triangle BCD}=\dfrac{1}{2}BD\cdot CD=\dfrac{1}{2}x(3-x)$. 于是 $V_{A-BCD}=\dfrac{1}{3}AD\,S_{\triangle BCD}=\dfrac{1}{3}(3-x)\dfrac{1}{2}x(3-x)=\dfrac{1}{12}2x(3-x)(3-x)\leqslant\dfrac{1}{12}\left[\dfrac{2x+(3-x)+(3-x)}{3}\right]^3=\dfrac{2}{3}$，当且仅当 $2x=3-x$，即 $x=1$ 时取等号，故当 $x=1$，即 $BD=1$ 时，三棱锥 A-BCD 的体积最大.

解法二:同解法 1，得 $V_{A-BCD}=\dfrac{1}{3}AD\cdot S_{\triangle BCD}=\dfrac{1}{3}(3-x)\dfrac{1}{2}x(3-x)=\dfrac{1}{6}(x^3-6x^2+9x)$. 令 $f(x)=\dfrac{1}{6}(x^3-6x^2+9x)$，由 $f'(x)=\dfrac{1}{2}(x-1)(x-3)=0$，且 $0<$

$x < 3$,解得 $x = 1$.

当 $x \in (0,1)$ 时,$f'(x) > 0$;当 $x \in (1,3)$ 时,$f'(x) < 0$. $\therefore$ 当 $x = 1$ 时,$f(x)$ 取得最大值,故当 $BD = 1$ 时,三棱锥 $A-BCD$ 的体积最大.

注:立体几何中的很多动态问题都可以转化成目标函数,利用代数方法求目标函数的最值. 有时以公理与定义作依据,直接得出问题的最大值与最小值,如两点之间以线段为最短,分居在两异面直线上的两点的连线段中,以它们的公垂线段最短. 球面上任意两点间的连线中以过这两点与球心的平面所得圆的劣弧长为最短等.

变式练习

变式练习 1 已知正四棱锥 $S-ABCD$ 中,$SA = 2\sqrt{3}$,那么当该棱锥的体积最大时,它的高为( ).

A. 1   B. $\sqrt{3}$ C. 2   D. 3

解:设 $h = SO$,则 $OA = \sqrt{12-h^2}$,$\therefore$ 底面边长为 $\sqrt{24-2h^2}$,$\therefore V = \dfrac{1}{3}(24-2h^2)h = \dfrac{2}{3}(12-h^2)h$. 令 $V = \dfrac{2}{3}(12-3h^2) = 0$ 得 $h = 2$,故当 $h = 2$ 时,该棱锥的体积最大. 故答案选 C.

变式练习 2 如图 2-27 所示,AD 与 BC 是四面体 $ABCD$ 中互相垂直的棱,$BC = 2$. 若 $AD = 2c$,且 $AB + BD = AC + CD = 2a$,其中 a,c 为常数,则四面体 $ABCD$ 的体积的最大值是_____.

解:如图 2-28 所示,作 $BE \perp AD$ 于 E,连接 CE,则 $AD \perp$ 平面 BEC,所以 $CE \perp AD$. 由题设可知,B 与 C 都是在以 AD 为焦距的椭球上,且 BE,CE 都垂直于焦距

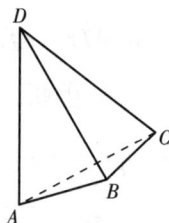

图 2-27 变式练习 2
示意图

AD,所以 $BE = CE$. 取 BC 中点 F,连接 EF,则 $EF \perp BC$,$EF = 2$,$S_{\triangle BEC} = \dfrac{1}{2}BC \cdot EF = \sqrt{BE^2-1}$,四面体 $ABCD$ 的体积 $V = \dfrac{1}{3}AD \cdot S_{\triangle BEC} = \dfrac{2c}{3}\sqrt{BE^2-1}$,显然,当 E 在 AD 中点,即 B 是短轴端点时,BE 取得最大值,最大值为 $b = \sqrt{a^2-c^2}$,所

以 $V_{\max}=\dfrac{2c}{3}\sqrt{a^2-c^2-1}$.

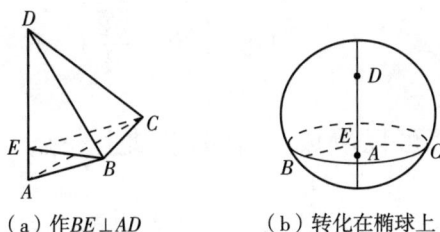

（a）作 $BE\perp AD$　　（b）转化在椭球上

图 2-28　变式练习 2 解析示意图

变式练习 3　如图 2-29 所示,已知在 $\triangle ABC$ 中,$\angle C=90°$,$PA\perp$ 平面 ABC,$AE\perp PB$ 交 PB 于 E,$AF\perp PC$ 于 F,当 $AP=AB=2$,$\angle AEF=\theta$,当 θ 变化时,求三棱锥 P-AEF 体积的最大值.

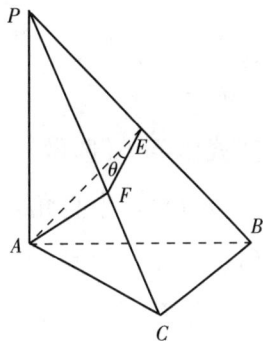

图 2-29　变式练习 3 示意图

解：$\because PA\perp$ 平面 ABC,$BC\subset$ 平面 ABC,$\therefore PA\perp BC$,又 $\because BC\perp AC$,$PA\cap AC=A$,$\therefore BC\perp$ 平面 PAC,$AF\subset$ 平面 PAC,$\therefore BC\perp AF$,又 $\because AF\perp PC$,$PC\cap BC=C$,$\therefore AF\subset$ 平面 PBC,$\therefore AF\perp EF$,$\therefore EF$ 是 AE 在平面 PBC 上的射影,$\because AE\perp PB$,$\therefore EF\perp PB$.$\therefore PE\perp$ 平面 AEF. 在三棱锥 P-AEF 中,$\because AP=AB=2$,$AE\perp PB$,$\therefore PE=\sqrt{2}$,$AE=\sqrt{2}$,$AF=\sqrt{2}\sin\theta$,$EF=\sqrt{2}\cos\theta$,$V_{P\text{-}AEF}=\dfrac{1}{3}S_{\triangle AEF}\cdot$

$PE=\dfrac{1}{3}\times\dfrac{1}{2}\times\sqrt{2}\sin\theta\cdot\sqrt{2}\cos\theta\times\sqrt{2}=\dfrac{\sqrt{2}}{6}\sin 2\theta$,$\because 0<\theta<\dfrac{\pi}{2}$,$\therefore 0<2\theta<\pi$,

$0<\sin 2\theta\leqslant 1\therefore$ 当 $\theta=\dfrac{\pi}{4}$ 时,$V_{P\text{-}AEF}$ 取得最大值,最大值为 $\dfrac{\sqrt{2}}{6}$.

变式练习 4　在棱长为 1 的正方体 $ABCD$-$EFGH$ 中,P 是 AF 上的动点,求 $GP+PB$ 的最小值.

解：以 A 为坐标原点,分别以 AB,AD,AE 所在直线为 x,y,z 轴,建立如图 2-30 所示的空间直角坐标系,则 $B(1,0,0)$,$G(1,1,1)$. 根据题意设 $P(x,0,x)$,则 $\overrightarrow{BP}=(x-1,0,x)$,$\overrightarrow{GP}=(x-1,-1,x-1)$,那么 $GP+PB=\sqrt{2x^2-4x+3}+$

$$\sqrt{2x^2-2x+1} = \sqrt{2}\left[\sqrt{(x-1)^2+\left(0-\frac{\sqrt{2}}{2}\right)^2}\right] +$$

$\sqrt{\left(x-\frac{1}{2}\right)^2+\left(0-\frac{1}{2}\right)^2}$，式子 $\sqrt{(x-1)^2+\left(0-\frac{\sqrt{2}}{2}\right)^2}$ +

$\sqrt{\left(x-\frac{1}{2}\right)^2+\left(0-\frac{1}{2}\right)^2}$ 可以看成 x 轴正半轴上一点

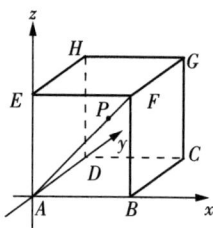

图 2-30　建立空间

直角坐标系

$(x,0,0)$ 到 xAy 平面上两点 $\left(1,\frac{\sqrt{2}}{2},0\right)$，$\left(\frac{1}{2},\frac{1}{2},0\right)$ 的距

离之和，其最小值为 $\sqrt{1+\frac{\sqrt{2}}{2}}$，所以 $GP+PB$ 的最小值为 $\sqrt{2}\cdot\sqrt{1+\frac{\sqrt{2}}{2}}=$

$\sqrt{2+\sqrt{2}}$．

变式练习5（选做）　如图 2-31 所示，在四棱锥 $P-ABCD$ 中，$PA\perp$ 底面

$ABCD$，$\angle DAB$ 为直角，$AB/\!/CD$，$AD=CD=2AB$，E，F 分别为 PC，CD 的中点．

（1）试证：$CD\perp$ 平面 BEF；

（2）设 $PA=kAB$，且二面角 $E-BD-C$

的平面角大于 $30°$，求 k 的取值范围．

解：（1）如图 2-31 所示，以 A 为原点，

AB 所在直线为 x 轴，AD 所在直线为 y 轴，

AP 所在直线为 z 轴建立空间直角坐标系，

设 $AB=a$，则易知点 A，B，C，D，F 的坐标分

别 为　$A(0,0,0)$，$B(a,0,0)$，$C(2a,2a,0)$，

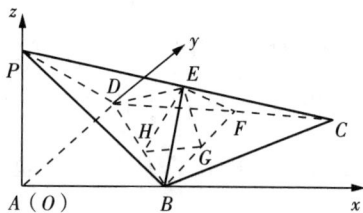

图 2-31　变式练习 5 示意图

$D(0,2a,0)$，$F(a,2a,0)$．从而 $\overrightarrow{DC}=(2a,0,0)$，$\overrightarrow{BF}=(0,2a,0)$，$\overrightarrow{DC}\cdot\overrightarrow{BF}=0$，故

$\overrightarrow{DC}\perp\overrightarrow{BF}$．设 $PA=b$，则 $P(0,0,b)$，而 E 为 PC 中点，故 $E\left(a,a,\frac{b}{2}\right)$，从而 $\overrightarrow{BE}=$

$\left(0,a,\frac{b}{2}\right)$．$\overrightarrow{DC}\cdot\overrightarrow{BE}=0$，故 $\overrightarrow{DC}\perp\overrightarrow{BE}$．由此得 $CD\perp$ 面 BEF．

（2）设 E 在 xOy 平面上的投影为 G，过 G 作 $GH\perp BD$ 垂足为 H，由三垂线定

理可知，$EH\perp BD$．从而 $\angle EHG$ 为二面角 $E-BD-C$ 的平面角．由 $PA=kAB$ 得

$P(0,0,ka)$，$E\left(a,a,\frac{ka}{2}\right)$，$G(a,a,0)$．设 $H(x,y,0)$，则 $\overrightarrow{GH}=(x-a,y-a,0)$，

$\overrightarrow{BD}=(-a,2a,0)$，由 $\overrightarrow{GH}\cdot\overrightarrow{BD}=0$ 得 $-a(x-a)+2a(y-a)=0$，即

$$x-2y=-a. \qquad\qquad\qquad ①$$

$\because \overrightarrow{BH}=(x-a,y,0)$，且 $\overrightarrow{BH}$ 与 $\overrightarrow{BD}$ 的方向相同，故 $\dfrac{x-a}{-a}=\dfrac{y}{2a}$，即

$$2x+y=2a. \qquad\qquad\qquad ②$$

由 ①② 解得 $x=\dfrac{3}{5}a$，$y=\dfrac{4}{5}a$，从而 $\overrightarrow{GH}=\left(-\dfrac{2}{5}a,-\dfrac{1}{5}a,0\right)$，$|\overrightarrow{GH}|=\dfrac{\sqrt{5}}{5}a$，

$\tan\angle EHG=\dfrac{|\overrightarrow{EG}|}{|\overrightarrow{GH}|}=\dfrac{\dfrac{ka}{2}}{\dfrac{\sqrt{5}}{5}a}=\dfrac{\sqrt{5}}{2}k$. 由 $k>0$ 可知，$\angle EHG$ 是锐角，由 $\angle EHG>$

$30°$ 得 $\tan\angle EHG>\tan 30°$，即 $\dfrac{\sqrt{5}}{2}k>\dfrac{\sqrt{3}}{3}$. 故 k 的取值范围为 $k>\dfrac{2\sqrt{15}}{15}$.

第 7 节　解析几何中的最值问题

例 1　若关于 x 的方程 $x^2+mx+n=0(m,n\in\mathbf{R})$ 在区间 $[1,3]$ 有实根，则 $m^2+(n-2)^2$ 的最小值是＿＿＿＿．

分析

将 $x^2+mx+n=0$ 看作关于 m,n 的直线方程，则 $m^2+(n-2)^2$ 表示点 (m,n) 到点 $(0,2)$ 的距离的平方，根据距离公式可求出点到直线的距离最小，再结合对勾函数的单调性，可求出 $m^2+(n-2)^2$ 的最小值．

解：将 $x^2+mx+n=0$ 看作关于 m,n 的直线方程，$m^2+(n-2)^2$ 表示点 (m,n) 与点 $(0,2)$ 之间距离的平方，则点 $(0,2)$ 到直线 $x^2+mx+n=0$ 的距离为 $d=$ $\dfrac{x^2+2}{\sqrt{x^2+1}}$，又 $\because y=\dfrac{x^2+2}{\sqrt{x^2+1}}=\sqrt{x^2+1}+\dfrac{1}{\sqrt{x^2+1}}$，令 $t=\sqrt{x^2+1}\in$ $\left[\sqrt{2},\sqrt{10}\right]$，$y=t+\dfrac{1}{t}$ 在 $t\in\left[\sqrt{2},\sqrt{10}\right]$ 上单调递增，$\therefore d_{\min}=\dfrac{3\sqrt{2}}{2}$，$\therefore m^2+(n-2)^2$ 的最小值为 $\dfrac{9}{2}$.

例 2 已知点 (x,y) 满足曲线方程 $\begin{cases} x = 4 + \sqrt{2}\cos\alpha \\ y = 6 + \sqrt{2}\sin\alpha \end{cases}$ (α 为参数),则 $\dfrac{y}{x}$ 的最小值是(　　).

A. $\dfrac{3}{2}$ 　　　　　 B. $\dfrac{\sqrt{3}}{2}$ 　　　　　 C. 1 　　　　　 D. $\sqrt{3}$

解:消去参数可得曲线的方程为 $(x-4)^2 + (y-6)^2 = 2$,其轨迹为圆,目标函数 $\dfrac{y}{x} = \dfrac{y-0}{x-0}$ 表示圆上的点与坐标原点连线的斜率,如图 2-32 所示,数形结合可得 $\dfrac{y}{x}$ 的最小值是 1. 故答案选 C.

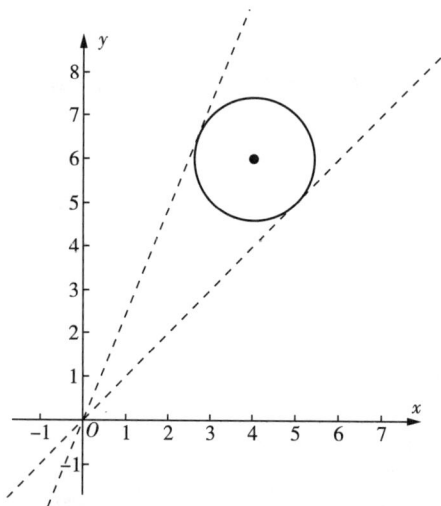

图 2-32　例 2 解析示意图

解决这类问题的关键是利用数形结合的思想方法,给目标函数赋予一定的几何意义.

(1) 斜率型: $z = \dfrac{y-b}{x-a}$ 表示点 (x,y) 与点 (a,b) 连线的斜率;

(2) 距离型: $z = \sqrt{(x-a)^2 + (y-b)^2}$ 表示点 (x,y) 与点 (a,b) 的距离;

(3) $z = |Ax + By + C|$ 表示点 (x,y) 到直线 $Ax + By + C = 0$ 的距离的 $\sqrt{A^2 + B^2}$ 倍.

例 3 太极图被称为"中华第一图",从孔庙大成殿梁柱至白外五观的标识物;从道袍、卦摊、中医、气功、武术到韩国国旗、新加坡空军机徽 …,太极图无不跃其上,这种广为人知的太极图,其形状如阴阳两鱼互抱在一起,因而被称为"阴阳鱼太极图". 在如图 2-33 所示的阴阳鱼图案中,阴影部分的区域可用不等式组

$$\begin{cases} x^2+(y+1)^2-1 \geqslant 0 \\ x^2+y^2-4 \leqslant 0 \\ x \leqslant 0 \end{cases} \quad 或 \ x^2+(y-1)^2-1 \leqslant 0 \ 来表$$

图 2-33　例 3 示意图

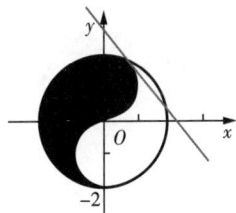

示,(x,y) 是阴影中任一点,求 $z=\sqrt{3}x+y$ 的最大值.

> **分析**
>
> 　　根据题目可知,平移直线 $z=\sqrt{3}x+y$,当直线与阴影部分在上方相切时取得最大值,根据相切关系求出切点,代入 $z=\sqrt{3}x+y$,即可求解出答案.

　　解:由题意可知,$z=\sqrt{3}x+y$ 与 $x^2+(y-1)^2-1 \leqslant 1$ 相切时,切点在上方时取得最大值,如图 2-34 所示. 此时,$\dfrac{|1-z|}{\sqrt{(\sqrt{3})^2+1^2}}=1$ 且 $z>0$,解得 $z=3$,

$\therefore z=\sqrt{3}x+y$ 的最大值为 3.

图 2-34　例 3 解析示意图

　　例 4　已知点 $M(x_0,y_0)$ 到直线 $x+3y=-2$ 与直线 $3x+y=-3$ 的距离相等,且 $y_0 \geqslant 3x_0+1$,求 $\dfrac{y_0}{x_0}$ 的最大值.

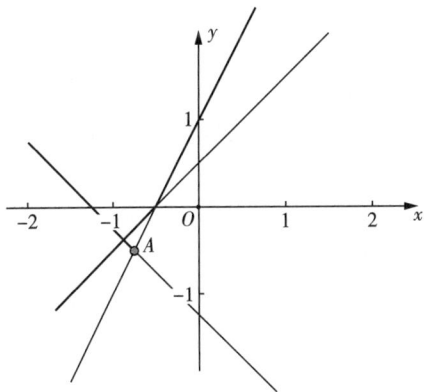

图 2-35　例 4 解析示意图

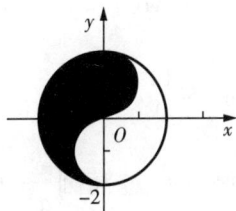

　　解:由题意可得 $\dfrac{|x_0+3y_0+2|}{\sqrt{1^2+3^2}}=$

$\dfrac{|3x_0+y_0+3|}{\sqrt{1^2+3^2}}$,则 $x_0-y_0+\dfrac{1}{2}=0$ 或

$x_0+y_0+\dfrac{5}{4}=0$,$\therefore \begin{cases} x_0-y_0+\dfrac{1}{2}=0 \\ x_0+y_0+\dfrac{5}{4}=0 \\ y_0 \geqslant 3x_0+1 \end{cases}$,作

出目标区域如图 2-35 所示. 粗线条即

为满足的 $M(x_0,y_0)$ 所表示的范围,且 $A\left(-\dfrac{9}{16},-\dfrac{11}{16}\right)$,$\because k_{OA}=\dfrac{11}{9}>1$,$\therefore \dfrac{y_0}{x_0}$ 的最大值为 $\dfrac{11}{9}$.

例 5 过椭圆 $\dfrac{x^2}{a^2}+\dfrac{y^2}{b^2}=1(a>b>0)$ 中心的弦 AB,$F(c,0)$ 是右焦点,则 $\triangle AFB$ 的最大面积为(　　).

A. ac　　　　　B. b^2　　　　　C. bc　　　　　D. ab

解:(1) 当 $AB \perp x$ 轴时,$S_{\triangle AFB}=\dfrac{1}{2}(2b)c=bc$;

(2) 当 AB 与 x 轴不垂直时,设 AB 的方程为 $y=kx$,由 $\begin{cases} y=kx \\ \dfrac{x^2}{a^2}+\dfrac{y^2}{b^2}=1 \end{cases}$ 消去 x 得

$y^2=\dfrac{k^2a^2b^2}{b^2+k^2a^2}$. 设 $A(x_1,y_1)$,$B(x_2,y_2)$,则 $y_1=\dfrac{kab}{\sqrt{b^2+k^2a^2}}$,$y_2=$

$-\dfrac{kab}{\sqrt{b^2+k^2a^2}}$,$S_{\triangle AFB}=\dfrac{1}{2}c(|y_1|+|y_2|)=\dfrac{1}{2}c\dfrac{2ab}{\sqrt{b^2+k^2a^2}}|k|=abc\sqrt{\dfrac{k^2}{b^2+k^2a^2}}$

$=abc\sqrt{\dfrac{1}{\dfrac{b^2}{k^2}+a^2}}<bc$,故答案选 C.

例 6 已知椭圆 $\dfrac{x^2}{a^2}+\dfrac{y^2}{b^2}=1(a>b>0)$ 与直线 $x+y=1$ 交于 P,Q 两点,且 $OP \perp OQ$(O 为原点),当椭圆的离心率 $e\in\left[\dfrac{\sqrt{3}}{3},\dfrac{\sqrt{2}}{2}\right]$ 时,求椭圆长轴长的取值范围.

解:由 $\begin{cases} \dfrac{x^2}{a^2}+\dfrac{y^2}{b^2}=1 \\ x+y=1 \end{cases}$ 可得 $(a^2+b^2)x^2-2a^2x+a^2-a^2b^2=0$,由 $OP \perp OQ$ 得

$x_1x_2+y_1y_2=0$,即 $2x_1x_2-(x_1+x_2)+1=0$,将 $x_1+x_2=\dfrac{2a^2}{a^2+b^2}$,$x_1x_2=$

$\dfrac{a^2-a^2b^2}{a^2+b^2}$ 代入得 $\dfrac{1}{a^2}+\dfrac{1}{b^2}=2$,即 $\dfrac{1}{b^2}=2-\dfrac{1}{a^2}$,$\because \dfrac{\sqrt{3}}{3}\leqslant\dfrac{c}{a}\leqslant\dfrac{\sqrt{2}}{2}$,$\therefore \dfrac{1}{3}\leqslant 1-\dfrac{b^2}{a^2}\leqslant$

$\dfrac{1}{2}$,解得 $\dfrac{1}{2}\leqslant\dfrac{b^2}{a^2}\leqslant\dfrac{2}{3}$,$\therefore \dfrac{3}{2}\leqslant a^2\left(2-\dfrac{1}{a^2}\right)\leqslant 2$,解得 $\sqrt{5}\leqslant 2a\leqslant\sqrt{6}$.

例7　已知椭圆 $E:\dfrac{x^2}{a^2}+\dfrac{y^2}{b^2}=1(a>b>0)$ 两个焦点为 F_1,F_2,如果曲线 E 上存在一点 M,使 $F_1M\perp F_2M$,求椭圆离心率的最小值.

解:根据三角形的正弦定理及合分比定理可得 $\dfrac{2c}{\sin 90°}=\dfrac{2c}{\sin\alpha}=\dfrac{MF_1}{\sin\alpha}=\dfrac{MF_2}{\sin\beta}=$

$\dfrac{MF_1+MF_2}{\sin\alpha+\cos\beta}=\dfrac{2a}{\sin\alpha+\cos\alpha}$,故 $e=\dfrac{1}{\sqrt{2}\sin\left(\alpha+\dfrac{\pi}{4}\right)}\geq\dfrac{\sqrt{2}}{2}$,故椭圆离心率的最小

值为 $\dfrac{\sqrt{2}}{2}$.

例8　过点 $A(4,1)$ 作直线 l 分别交 x 轴,y 轴正半轴于 M,N 两点,O 为坐标原点.

(1) 当 $\triangle MON$ 面积最小时,求直线 l 的方程;

(2) 当 $|OM|+|ON|$ 取最小值时,求直线 l 的方程.

分析

由题意设 $M(a,0),N(0,b)$,其中 a,b 为正数,可设直线的截距式为 $\dfrac{x}{a}+\dfrac{y}{b}=1$,代点可得 $\dfrac{4}{a}+\dfrac{1}{b}=1$.

(1) 由基本不等式可得 $ab\geq 16$,由等号成立的条件可得 a 和 b 的值,由此得到直线方程;

(2) $|OM|+|ON|=a+b=(a+b)\left(\dfrac{4}{a}+\dfrac{1}{b}\right)$,由基本不等式等号成立的条件可得直线的方程.

解:(1) 由题意设 $M(a,0),N(0,b)$,其中 a,b 为正数,可设直线的截距式为 $\dfrac{x}{a}+\dfrac{y}{b}=1$,$\because$ 直线过点 $A(4,1)$,$\therefore\dfrac{4}{a}+\dfrac{1}{b}=1$,由基本不等式可得 $1=\dfrac{4}{a}+\dfrac{1}{b}\geq 2\sqrt{\dfrac{4}{ab}}$,解得 $ab\geq 16$,当且仅当 $\dfrac{4}{a}=\dfrac{1}{b}$,即 $a=8,b=2$ 时取等号,$\therefore\triangle MON$ 的面积 $S_{\triangle MON}=\dfrac{1}{2}ab\geq 8$,则当 $a=8,b=2$ 时,$\triangle MON$ 的面积最小,此时直线 l 的方程为

$\dfrac{x}{8}+\dfrac{y}{2}=1$，即 $x+4y-8=0$.

(2) 由于 $|OM|+|ON|=a+b=(a+b)\left(\dfrac{4}{a}+\dfrac{1}{b}\right)=5+\dfrac{4b}{a}+\dfrac{a}{b}\geqslant 5+$

$2\sqrt{\dfrac{4b}{a}\dfrac{a}{b}}=9$，当且仅当 $\dfrac{4b}{a}=\dfrac{a}{b}$，即 $a=6,b=3$ 时取等号，$\therefore$ 当 $a=6,b=3$ 时，

$|OM|+|ON|$ 的值最小，此时直线 l 的方程为 $\dfrac{x}{6}+\dfrac{y}{3}=1$，即 $x+2y-6=0$.

例 9 设椭圆 $\dfrac{x^2}{2}+\dfrac{y^2}{6}=1$ 有一个内接 $\triangle MAB$，射线 OM 与 x 轴正向成 $60°$ 角，直线 AM,BM 的斜率适合条件 $k_{AM}+k_{BM}=0$.

(1) 求证：过 A,B 直线的斜率 k 是定值；

(2) 求 $\triangle MAB$ 的面积的最大值.

解：(1) 证明：易知直线 OM 的方程为 $y=\sqrt{3}x$，将此方程代入 $3x^2+y^2=6$，可求得交点 $M(1,\sqrt{3})$. 由题意可设直线 AM,BM 的方程分别为 $y-\sqrt{3}=-k(x-1)$ 和 $y-\sqrt{3}=k(x-1)$，分别与椭圆方程联立，可求得 A,B 的横坐标分别为 $x_A=\dfrac{k^2+2\sqrt{3}k-3}{3+k^2}$，$x_B=\dfrac{k^2-2\sqrt{3}k-3}{3+k^2}$. 从而 $y_A=\dfrac{-k(2\sqrt{3}-6)}{3+k^2}+\sqrt{3}$，

$y_B=\dfrac{k(-2\sqrt{3}k-6)}{3+k^2}+\sqrt{3}$，$\therefore k_{AB}=\dfrac{y_B-y_A}{x_B-x_A}=\dfrac{12k}{3+k^2}\dfrac{3+k^2}{4\sqrt{3}k}=\sqrt{3}$（定值）.

(2) 设直线 AB 的方程为 $y=\sqrt{3}x+b$，与椭圆方程联立，并消去 y 得 $6x^2+2\sqrt{3}bx+(b^2-6)=0$，$|AB|^2=(x_A-x_B)^2+(y_A-y_B)^2=4(x_A-x_B)^2=$

$4\left[(x_A+x_B)^2-4x_Ax_B\right]=4\left[\left(-\dfrac{\sqrt{3}}{3}b\right)^2-\dfrac{2}{3}(b^2-6)\right]=-\dfrac{4}{3}b^2+16$，点 M 到

直线 AB 的距离 $d=\dfrac{|\sqrt{3}-\sqrt{3}+b|}{2}=\dfrac{|b|}{2}$，$\therefore S^2_{\triangle MAB}=\dfrac{1}{4}\times\dfrac{b^2}{4}\times\left(16-\dfrac{4}{3}b^2\right)=$

$\dfrac{b^2}{12}(12-b^2)\leqslant\dfrac{1}{12}\left[\dfrac{b^2+(12-b^2)}{2}\right]^2=3$，当且仅当 $b^2=12-b^2$，即 $b=\pm\sqrt{6}$ 时，

$\triangle MAB$ 的面积取得最大值，最大值为 $=\sqrt{3}$.

▸ 变式练习

变式练习 1 已知 AC,BD 为圆 $O:x^2+y^2=4$ 的两条互相垂直的弦，且垂足

为 $M(1,\sqrt{2})$,则四边形 $ABCD$ 的面积的最大值为_____.

解: $S=\dfrac{1}{2}\mid AC\mid\cdot\mid BD\mid\leqslant\dfrac{1}{2}\left(\dfrac{\mid AC\mid^{2}+\mid BD\mid^{2}}{2}\right)=\dfrac{4\mid OM\mid^{2}}{4}=5$,当 $\mid AC\mid=$

$\mid BD\mid=2\dfrac{\sqrt{10}}{2}=\sqrt{10}$ 时,四边形 $ABCD$ 的面积取得最大值,最大值为 5 .

变式练习2　在平面直角坐标系 xOy 中,圆 C 的方程为 $(x-4)^{2}+y^{2}=1$,若直线 $y=kx-2$ 上至少存在一点,使得以该点为圆心,1 为半径的圆与圆 C 有公共点,则 K 的最大值为_____.

解: $\because$ 圆 $C:(X-4)^{2}+y^{2}=1$,即圆 C 是以 $(4,0)$ 为圆心,1 为半径的圆,又 $\because$ 直线 $y=kx-2$ 上至少存在一点,使得以该点为圆心,1 为半径的圆与圆 C 有公共点,$\therefore$ 只需圆 $C:(x-4)^{2}+y^{2}=1$ 与直线 $y=kx-2$ 有公共点即可.设圆心 $C(4,0)$ 到直线 $y=kx-2$ 的距离为 d ,$d=\dfrac{\mid 4k-2\mid}{\sqrt{1+k^{2}}}\leqslant 2$,即 $3k^{2}\leqslant 4k$,$\therefore 0\leqslant k\leqslant$

$\dfrac{4}{3}$,故参数 k 的最大值为 $\dfrac{4}{3}$.

变式练习3　设圆 $x^{2}+y^{2}+2x=15$ 的圆心为 A ,直线 l 过点 $B(1,0)$ 且与 x 轴不重合,l 交圆 A 于 C,D 两点,过 B 作 AC 的平行线交 AD 于点 E .

(1) 证明 $\mid EA\mid+\mid EB\mid$ 为定值,并写出点 E 的轨迹方程;

(2) 设点 E 的轨迹为曲线 C_{1} ,直线 l 交 C_{1} 于 M,N 两点,过 B 且与 l 垂直的直线与圆 A 交于 P,Q 两点,求四边形 $MPNQ$ 面积的取值范围.

解: (1) $\because\mid AD\mid=\mid AC\mid$,$EB//AC$,$\therefore\angle EBD=\angle ACD=\angle ADC$,$\therefore\mid EB\mid=\mid ED\mid$,$\therefore\mid EA\mid+\mid EB\mid=\mid EA\mid+\mid ED\mid+\mid AD\mid$.又 $\because$ 圆 A 的标准方程为 $(x+1)^{2}+y^{2}=16$,$\therefore\mid AD\mid=4$,$\therefore\mid EA\mid+\mid EB\mid=4$.由题设得 $A(-1,0)$,$B(-1,0)$,$B(1,0)$,$\mid AB\mid=2$,由椭圆定义可得点 E 的轨迹方程为 $\dfrac{x^{2}}{4}+\dfrac{y^{2}}{3}=1(y\neq 0)$.

(2) 当 l 与 x 轴不垂直时,设 l 的方程为 $y=k(x-1)(k\neq 0)$,$M(x_{1},y_{1})$,$N(x_{2},y_{2})$.由 $\begin{cases}y=k(x-1)\\\dfrac{x^{2}}{4}+\dfrac{y^{2}}{3}=1\end{cases}$ 得 $(4k^{2}+3)x^{2}-8k^{2}x+4k^{2}-12=0$,则 $x_{1}+x_{2}=$

$\dfrac{8k^2}{4k^2+3}$，$x_1 x_2=\dfrac{4k^2-12}{4k^2+3}$，$\therefore |MN|=\sqrt{1+k^2}\,|x_1-x_2|=\dfrac{12(k^2+1)}{4k^2+3}$. 过点

$B(1,0)$ 且与 l 垂直的直线 $m：y=-\dfrac{1}{k}(x-1)$，A 到 M 的距离为 $\dfrac{2}{\sqrt{k^2+1}}$，

$\therefore |PQ|=2\sqrt{4^2-\left(\dfrac{2}{\sqrt{k^2+1}}\right)^2}=4\sqrt{\dfrac{4k^2+3}{k^2+1}}$. 故四边形 $MPNQ$ 的面积 $S=$

$\dfrac{1}{2}|MN|\cdot|PQ|=12\sqrt{1+\dfrac{1}{4k^2+3}}$. 当 l 与 x 轴不垂直时，四边形 $MPNQ$ 的面积

的取值范围为 $[12,8\sqrt{3})$. 当 l 与 x 轴垂直时，其方程为 $x=1$，$|MN|=3$，$|PQ|=$

8，四边形 $MPNQ$ 的面积为 12.

综上可得，四边形 $MPNQ$ 面积的取值范围为 $[12,8\sqrt{3})$.

变式练习 4 已知曲线 $E：\dfrac{x^2}{4}+\dfrac{y^2}{9}=1$，直线 $l：\begin{cases}x=2+a\\y=2-2a\end{cases}$（$a$ 为参数）.

（1）写出曲线 E 的参数方程，直线 l 的普通方程；

（2）过曲线 E 上任意一点 P 作与 l 夹角为 $30°$ 的直线，交 l 于点 A，$|PA|$ 的最大值与最小值.

解：（1）曲线 E 的参数方程为 $\begin{cases}x=2\cos\theta\\y=3\sin\theta\end{cases}$（$\theta$ 为参数）. 直线 l 的普通方程为

$2x+y-6=0$.

（2）曲线 E 上任意一点 $P(2\cos\theta,3\sin\theta)$ 到 l 的距离为 $d=\dfrac{\sqrt{5}}{5}|4\cos\theta+3\sin\theta-$

$6|$. 则 $|PA|=\dfrac{d}{\sin 30°}=\dfrac{2\sqrt{5}}{5}|5\sin(\theta+\alpha)-6|$，其中 α 为锐角，且 $\tan\alpha=\dfrac{4}{3}$.

当 $\sin(\theta+\alpha)=-1$ 时，$|PA|$ 取得最大值，最大值为 $\dfrac{22\sqrt{5}}{5}$；

当 $\sin(\theta+\alpha)=1$ 时，$|PA|$ 取得最小值，最小值为 $\dfrac{2\sqrt{5}}{5}$.

变式练习 5 已知椭圆 $\dfrac{x^2}{16}+\dfrac{y^2}{9}=1$，求其内接三角形面积的最大值.

分析

本题直接用解析法求解很难．难在本题的条件是椭圆而不是圆．为此想到转换．能不能将求椭圆内接三角形面积的最大值，转换为求相应圆内接三角形面积的最大值．

由面积的投影公式 $S'=S \cdot \cos\alpha$．其中的余弦是投影平面与被投影平面的夹角．

解法一：如图 $2-36$ 所示，椭圆 $\dfrac{x^2}{16}+\dfrac{y^2}{9}=1$ 的正投影为

圆 $x^2+y^2=9$.

圆半径为 3 时，其内接正三角形边长为 $m=6\cos30°=$

$3\sqrt{3}$，其面积 $S'=\dfrac{\sqrt{3}}{4}(3\sqrt{3})^2=\dfrac{27}{4}\sqrt{3}$，投影角 α 的余弦即

椭圆短轴与长轴之比为 $\dfrac{3}{4}$，$\therefore \dfrac{3}{4}S=S'=\dfrac{27}{4}\sqrt{3}$，故所求最

大面积为 $S=\dfrac{27}{4}\sqrt{3}\times\dfrac{4}{3}=9\sqrt{3}$.

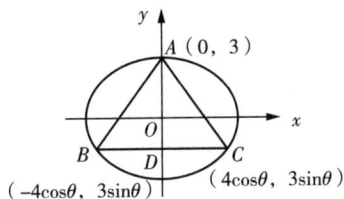

图 $2-36$　变式练习 5
解法一示意图

图 $2-37$　变式练习 5
解法二示意图

解法二：如图 $2-37$ 所示，设 $A(0,3)$ 为该椭圆内接三角形的一个顶点，BC 为底边．我们有理由相信，在底边长度相等的条件下，当 BC 与长轴平行时 $\triangle ABC$ 的面积最大，若 BC 与椭圆长轴不平行，则顶点 A 到 BC 的距离将变短．设 $B(-4\cos\theta,3\sin\theta)$，$C(4\cos\theta,3\sin\theta)$，且 BC 交椭圆短轴于 D，则有 $D(0,3\sin\theta)$，则

$\triangle ABC$ 的面积 $S=\dfrac{1}{2}\cdot|BC|\cdot|AD|=\dfrac{1}{2}\times8\cos\theta\cdot3(1-\sin\theta)=12\times$

$\sqrt{\cos^2\theta(1-\sin\theta)^2}=4\sqrt{9(1-\sin^2\theta)(1-\sin\theta)^2}=4\sqrt{3(3+3\sin\theta)(1-\sin\theta)^3}$,

$\because(3+3\sin\theta)(1-\sin\theta)^3\leqslant\left[\dfrac{(3+3\sin\theta)+(1-\sin\theta)+(1-\sin\theta)+(1-\sin\theta)}{4}\right]^4=$

$\dfrac{81}{16}$，$\therefore S\leqslant4\times\dfrac{9}{4}\sqrt{3}=9\sqrt{3}$，当且仅当 $3+3\sin\theta=1-\sin\theta$，即 $\sin\theta=-\dfrac{1}{2}$ 时，

$\triangle ABC$ 有最大面积，最大面积为 $9\sqrt{3}$.

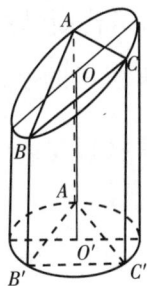

第 8 节　实际应用中的最值问题

例 1　商场销售某种商品的经验表明,该商品每日的销售量 y(单位:kg) 与销售价格 x(单位:元/kg)满足关系式 $y=10(x-6)^2+\dfrac{m}{x-3}$,其中 $3<x<6$,m 为常数. 已知销售价格为 5 元/kg 时,每日可售出该商品 11 kg.

(1) 求 m 的值;

(2) 若商品的成品为 3 元/kg,试确定销售价格 x 的值,使商场每日销售该商品所获得的利润最大.

解:(1)∵$x=5$ 时,$y=11$,∴$\dfrac{m}{2}+10=11\Rightarrow m=2$.

(2) 由(1)可知,该商品每日的销售量 $y=10(x-6)^2+\dfrac{m}{x-3}$,∴商场每日销售该商品所获得的利润为 $f(x)=(x-3)\left[\dfrac{2}{x-3}+10(x-6)^2\right]=2+10(x-3)(x-6)^2,3<x<6$;$f'(x)=10[(x-6)^2+2(x-3)(x-6)]=30(x-4)(x-6)$,令 $f'(x)=0$ 得 $x=4$,∴函数 $f(x)$ 在 $(3,4)$ 上递增,在 $(4,6)$ 上递减,∴当 $x=4$ 时函数 $f(x)$ 取得最大值,最大值为 42.

例 2　为了在夏季降温和冬季供暖时减少能源损耗,房屋的屋顶和外墙需要建造隔热层. 某幢建筑物要建造可使用 20 年的隔热层,每厘米厚的隔热层建造成本为 6 万元. 该建筑物每年的能源消耗费用 P(单位:万元)与隔热层厚度 x(单位:cm)满足关系:$P(x)=\dfrac{a}{3x+5}(0\leqslant x\leqslant 10)$,若不建隔热层,每年能源消耗费用为 8 万元. 设 $\varphi(x)$ 为隔热层建造费用与 20 年的能源消耗费用之和.

(1) 求 a 的值及 $\varphi(x)$ 的表达式;

(2) 隔热层修建多厚时,总费用 $\varphi(x)$ 达到最小,并求最小总费用.

解:(1)设隔热层厚度为 x,由题设可知,每年能源消耗费用为 $p(x)=\dfrac{a}{3x+5}$. 再由 $p(0)=8$ 得 $a=40$,∴$p(x)=\dfrac{40}{3x+5}$.∵建造费用为 $p_1(x)=6x$,∴隔热层建造费用与 20 年的能源消耗费用之和为 $\varphi(x)=20p(x)+p_1(x)=20\times$

$$\frac{40}{3x+5}+6x=\frac{800}{3x+5}+6x(0\leqslant x\leqslant 10).$$

（2）$\varphi'(x)=6-\dfrac{2400}{(3x+5)^2}$，令 $\varphi'(x)=0$，即 $\dfrac{2400}{(3x+5)^2}=6$，解得 $x=5,x=$

$-\dfrac{25}{3}$（舍去）. 当 $0<x<5$ 时，$\varphi'(x)<0$；当 $5<x<10$ 时，$\varphi'(x)>0$，故 $x=5$

是 $\varphi(x)$ 的最小值点，对应的最小值为 $\varphi(5)=6\times 5+\dfrac{800}{15+5}=70$（万元）.

例 3　围建一个面积为 $360\ m^2$ 的矩形场地，要求矩形场地的一面利用旧墙（利用旧墙需维修），其他三面围墙要新建，在旧墙的对面的新墙上要留一个宽度为 $2\ m$ 的进出口，如图 2-38 所示，已知旧墙的维修费用为 45 元 $/m$，新墙的造价为 180 元 $/m$，设利用的旧墙的长度为 x（单位：元）.

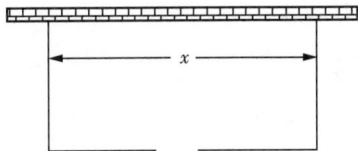

（1）将 y 表示为 x 的函数；

（2）试确定 x，使修建此矩形场地围墙的总费用最小，并求出最小总费用.

图 2-38　例 3 示意图

分析

（1）设矩形的另一边长为 a，则根据围建的矩形场地的面积为 $360m^2$，易得 $a=\dfrac{360}{x}$，此时再根据旧墙的维修费用为 45 元 $/m$，新墙的造价为 180 元 $/m$，我们即可得到修建围墙的总费用 y 表示成 x 的函数的解析式；（2）根据（1）中所得函数的解析式，利用基本不等式，我们易求出修建此矩形场地围墙的总费用最小值及相应的 x 值.

解：（1）设矩形的另一边长为 a，则 $y=45x+180(x-2)+180\cdot 2a=225x+$

$360a-360$，由 $xa=360$ 得 $a=\dfrac{360}{x}$，$\therefore y=225x+\dfrac{360^2}{x}-360(x>0)$.

（2）$\because x>0,\therefore 225x+\dfrac{360^2}{x}\geqslant 2\sqrt{225\times 360^2}=10800,\therefore y=225x+\dfrac{360^2}{x}-$

$360\geqslant 10440$，当且仅当 $225x=\dfrac{360^2}{x}$ 即 $x=24$ 时取等号.

注：（1）在解决函数的实际问题中，不仅要根据条件列出函数解析式，同时还

要注意定义域;

(2) 求解函数的最值时,当取到最值时,一定要添加增加取等号的条件.

变式练习

变式练习1 某企业用180万元购买一套新设备,该套设备预计平均每年能给企业带来100万元的收入,为了维护设备的正常运行,第一年需要各种维护费用10万元,且从第二年开始,每年比上一年所需的维护费用要增加10万元.

(1) 求该设备给企业带来的总利润 y(万元)与使用年数 $x(x \in \mathbf{N}^*)$ 的函数关系;

(2) 试计算这套设备使用多少年,可使年平均利润最大?年平均利润最大为多少万元?

解:(1) 由题意可知,x 年总收入为 $100x$ 万元,x 年维护总费用为 $10(1+2+3+\cdots+x)=5x(x+1)$ 万元. $\therefore$ 总利润 $y=100x-5x(x+1)-180,x \in \mathbf{N}^*$,即 $y=-5(x^2-19x+36),x \in \mathbf{N}^*$.

(2) 年平均利润为 $\dfrac{y}{x}=-5\left(x+\dfrac{36}{x}\right)+95$,$\because x>0$,$\therefore x+\dfrac{36}{x} \geqslant 2\sqrt{x \cdot \dfrac{36}{x}}=12$,当且仅当 $x=\dfrac{36}{x}$,即 $x=6$ 时取等号,$\therefore \dfrac{y}{x} \leqslant 35$.

变式练习2 如图 2-39 所示,已知 $\triangle ABC$ 中,$\angle C=\dfrac{\pi}{2}$. 设 $\angle CBA=\theta$,$BC=a$,它的内接正方形 $DEFG$ 的一边 EF 在斜边 AB 上,D,G 分别在 AC,BC 上. 假设 $\triangle ABC$ 的面积为 S,正方形 $DEFG$ 的面积为 T.

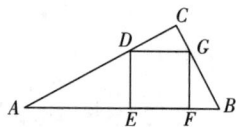

图 2-39　变式练习2示意图

(1) 用 a,θ 表示 $\triangle ABC$ 的面积 S 和正方形 $DEFG$ 的面积 T;

(2) 设 $f(\theta)=\dfrac{T}{S}$,试求 $f(\theta)$ 的最大值 P,并判断此时 $\triangle ABC$ 的形状.

解:(1) $\because$ 在 $\triangle ABC$ 中,$\angle CBA=\theta$,$BC=a$. $\therefore AC=a\tan\theta$,$\therefore S=\dfrac{1}{2}a^2\tan\theta=\dfrac{a^2}{2}\tan\theta,\theta \in \left(0,\dfrac{\pi}{2}\right)$. 设正方形 $DEFG$ 的边长为 m,则 $CG=m\cos\theta$,$BG=\dfrac{m}{\sin\theta}$,

$$\therefore BC = m\cos\theta + \frac{m}{\sin\theta} = a, \therefore m = \frac{a\sin\theta}{1+\sin\theta\cos\theta}, \therefore T = m^2 = \frac{a^2\sin^2\theta}{(1+\sin\theta\cos\theta)^2},$$

$\theta \in \left(0, \frac{\pi}{2}\right)$.

（2）由（1）可得 $f(\theta) = \frac{T}{S} = \frac{a^2\sin^2\theta}{(1+\sin\theta\cos\theta)^2} \cdot \frac{2}{a^2\tan\theta} = \frac{2\sin\theta\cos\theta}{(1+\sin\theta\cos\theta)^2} =$

$\dfrac{\sin2\theta}{\frac{1}{4}\sin^2 2\theta + \sin2\theta + 1} = \dfrac{1}{\frac{\sin2\theta}{4} + \frac{1}{\sin2\theta} + 1}, \theta \in \left(0, \frac{\pi}{2}\right).$ 令 $u = \frac{1}{4}\left(\sin2\theta + \frac{4}{\sin2\theta}\right) +$

$1, \sin2\theta \in (0,1], \because y = x + \frac{4}{x}$ 在区间 $(0,1]$ 上是减函数，$\therefore$ 当 $\sin2\theta = 1$ 时，u 取得

最小值，即 $f(\theta)$ 取得最大值. $\therefore f(\theta) = \frac{T}{S}$ 的最大值为 $\frac{4}{9}$，此时 $\sin2\theta = 1 \Rightarrow \theta = \frac{\pi}{4}$，

$\therefore \triangle ABC$ 为等腰直角三角形.

变式练习 3　某高科技公司研究开发了一种新产品，生产这种新产品的每天固定成本为 30000 元，每生产 x 件，需另投入成本为 t 元，且有 $t = \begin{cases} \frac{200}{3}x^2 + 2000x, 0 < x < 90, \\ 10200 + \frac{2000000}{x} - 310000, x \geqslant 90, \end{cases}$ 每件产品售价为 10000 元.（该新产品在市场上供不应求可全部卖完）

（1）写出每天利润 y 关于每天产量 x 的函数解析式；

（2）当每天产量为多少件时，该公司在这一新产品的生产中每天所获利润最大.

解：（1）$\because$ 每件商品售价为 10000 元，$\therefore x$ 件商品销售额为 $10000x$ 元. 依题意可知，当 $0 < x < 90$ 时，$y = 10000x - \frac{200}{3}x^2 - 2000x - 30000 = -\frac{200}{3}x^2 + 8000x - 30000$；当 $x \geqslant 90$ 时，$y = 10000x - 10200x - \frac{2000000}{x} + 310000 - 30000 =$

$280000 - 200\left(x + \frac{10000}{x}\right). \therefore y = \begin{cases} -\frac{200}{3}x^2 + 8000x - 30000, 0 < x < 90, \\ 280000 - 200\left(x + \frac{10000}{x}\right), x \geqslant 90. \end{cases}$

（2）当 $0 < x < 90$ 时，$y = -\dfrac{200}{3}(x-60)^2 + 210000$，此时，当 $x = 60$ 件时，y 取得最大值，最大值为 210000 元．

当 $x \geqslant 90$ 时，$y = 280000 - 200\left(x + \dfrac{10000}{x}\right) \leqslant 280000 - 400\sqrt{x \cdot \dfrac{10000}{x}} = 280000 - 40000 = 240000$，此时，当 $x = \dfrac{10000}{x}$ 时，即 $x = 100$ 件时，y 取得最大值，最大值为 240000 元．

$\because 210000 < 240000$，$\therefore$ 当每天产量为 100 件时，该公司在这一新产品生产中所获利润最大，最大利润为每天 240000 元．

变式练习4 某文化创意公司开发出一种玩具（单位：套）进行生产和销售．根据以往经验，每月生产 x 套玩具的成本 p 由两部分费用（单位：元）构成：固定成本（与生产玩具套数 x 无关），总计 100 万元；生产所需的直接总成本 $50x + \dfrac{1}{100}x^2$．

（1）该公司每月生产玩具多少套时，可使得平均每套所需成本费用最少？此时每套玩具的成本费用是多少？

（2）假设每月生产出的玩具能全部售出，但随着 x 的增大，生产所需的直接总成本在急剧增加，因此售价也需随着 x 的增大而适当增加．设每套玩具的售价为 q 元，$q = a + \dfrac{x}{b}(a, b \in \mathbf{R})$．若当产量为 15000 套时利润最大，此时每套售价为 300 元，试求 a, b 的值．（利润=销售收入-成本费用）

解：（1）由题意可知，生产成本为 $p = 1000000 + 50x + \dfrac{1}{100}x^2$，$\dfrac{p}{x} = \dfrac{x}{100} + \dfrac{1000000}{x} + 50 \geqslant 2\sqrt{\dfrac{x}{100} \cdot \dfrac{1000000}{x}} + 50 = 250$，当且仅当 $\dfrac{x}{100} = \dfrac{1000000}{x}$，即 $x = 10000$ 时成本费用最低，最低成本费用为 250 元．

（2）利润 $qx - p = x\left(a + \dfrac{x}{b}\right) - \left(1000000 + 50x + \dfrac{1}{100}x^2\right) = \left(\dfrac{1}{b} - \dfrac{1}{100}\right)x^2 + (a-50)x - 1000000$，根据题意有 $\dfrac{1}{b} - \dfrac{1}{100} < 0$，$a + \dfrac{15000}{b} = 300$，且 $-\dfrac{a-50}{2\left(\dfrac{1}{b} - \dfrac{1}{100}\right)} = 15000$，解得 $a = 25, b = 300$．